网店视觉法宝

全彩

曹培强　胡渤　张希　等著

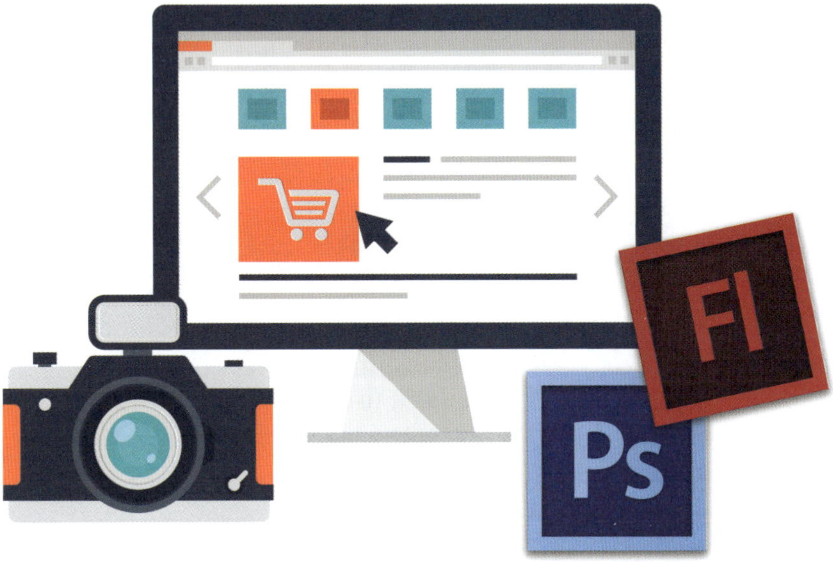

電子工業出版社
Publishing House of Electronics Industry
北京•BEIJING

内 容 简 介

本书以设计理论和实例相结合的方式逐步体现装修在网店中的重要性。根据网店视觉设计中所应了解的各个知识点，精心设计了多个商品视觉及网店装修的相关实例，其中包含用宝贝图像吸引买家的设计方法、宝贝配色和图像调色、店铺配色及网店装修等各个方面的综合实例。本书由一线网店装修教师和网店店主编写，循序渐进地讲解了网上店铺装修时所需要的全部知识。

全书共分 6 个章节，依次讲解了吸引买家的价格、吸引买家的商品特色、吸引买家的色彩、吸引买家的布局、网店中可装修模块的设计、店铺装修实战与推广等内容。

本书采用案例教程结合理论的编写形式，兼具技术手册和应用技巧参考手册的特点，技术实用，讲解清晰，不仅可以作为初次开店想自己装修店铺的初级和中级读者的学习用书，而且可以作为大中专院校相关专业及电子商务方面培训班的教材。

图书在版编目（CIP）数据

网店视觉法宝 / 曹培强等著. —北京：电子工业出版社，2016.7

ISBN 978-7-121-26467-2

Ⅰ. ①网… Ⅱ. ①曹… Ⅲ. ①电子商务－网站－设计 Ⅳ. ①F713.36②TP393.092

中国版本图书馆 CIP 数据核字(2015)第 142303 号

责任编辑：徐津平
印　　刷：北京市大天乐投资管理有限公司
装　　订：北京市大天乐投资管理有限公司
出版发行：电子工业出版社
　　　　　北京市海淀区万寿路 173 信箱　邮编 100036
开　　本：787×980　1/16　印张：15.25　字数：364 千字
版　　次：2016 年 7 月第 1 版
印　　次：2016 年 7 月第 1 次印刷
印　　数：4000 册　　定价：69.00 元

凡所购买电子工业出版社图书有缺损问题，请向购买书店调换。若书店售缺，请与本社发行部联系，联系及邮购电话：（010）88254888，88258888。

质量投诉请发邮件至 zlts@phei.com.cn，盗版侵权举报请发邮件至 dbqq@phei.com.cn。

本书咨询联系方式：010-51260888-819　faq@phei.com.cn。

前言

随着电子商务的发展壮大，与之相关的人才已经出现了巨大的缺口，尤其是网店设计人才，几乎每个电商企业都面临着这个岗位的人才压力。电商的多年发展无形中让这个新兴职业的从业者从最初的摸着石头过河，到现在的轻车熟路，无论是从理论还是从实践角度都有了一套属于自己的工作模式。

对于卖家而言，能够拥有一家产生可观经济效益的店铺是最大的心愿。在商品价格与特点大体相同的情况下，能在商品重点、色彩及布局等方面，设计出更加吸引买家目光的页面，绝对是提升卖点的一个保证。

对于买家而言，浏览网店时最能引起购买欲望的除了商品的价格和特色以外，还有网店的装修格局、配色及商品的视觉设计，这几点也可以大大刺激买家的购买欲望。

本书在最初就是本着帮助卖家装修及推广店铺，从而吸引买家注意的目的而策划的。作者有着多年丰富的电商教学经验、网店经营及装修的实际设计工作经验，并将在自己网店的装修过程中总结的经验和技巧展现给读者。希望读者能够在体会装修软件的强大功能的同时，将设计创意和设计理念通过软件反映到网店的视觉效果中。更希望能够通过本书帮助读者解决开店时遇到的设计难题。

本书特点

本书内容由浅入深，每一章的内容都丰富多彩，力争涵盖网店视觉及装修的全部的知识点，以理论结合实例的方式对网店装修进行讲解，使读者在学习时少走弯路。

本书具有以下特点：

- 内容全面，几乎涵盖了网店装修所涉及的图片、配色和整体店铺装修的各个方面。本书由具有丰富教学经验的网店设计一线老师编写，从商品图片设计的一般流程入手，逐步引导读者学习网店中所涉及的各种技能。
- 语言通俗易懂，实例讲解清晰，行文前后呼应，以最小的篇幅、最易读懂的语言来讲解每一项功能和每一个实例，让读者学习起来更加轻松，阅读更加容易。
- 实例丰富，技巧全面实用，技术含量高，与实践紧密结合。每一个实例都蕴含了作者多年的实践经验，每一个功能都已经过验证。
- 注重理论与实践相结合，在本书中实例的运用都是从软件的某个重要功能展开，使读者更容易理解和掌握，从而方便知识点的记忆，进而能够举一反三。

本书章节安排

本书依次讲解了吸引买家的价格、吸引买家的商品特色、吸引买家的色彩、吸引买家的布局、网店中可装修模块的设计、店铺装修实战与推广。

本书读者对象

本书主要面向想开网店的初级、中级读者，是一本非常合适的网店视觉设计及网店装修教材。任何课程都应该从简单基础开始循序渐进地进行学习，以前没有接触过网上开店或装修的读者无需参照其他书籍即可轻松入门，对于已经可以自己进行网店装修的读者，同样可以从中快速了解本书中的店铺配色、商品调色，以及视觉细节等方面的知识点，自如地踏上新的台阶。

本书主要由曹培强、胡渤和张希著，参加编写的成员还有王红蕾、刘爱华、尚彤、刘冬美、陈美荣、周莉、陆沁、刘绍婕、时延辉、潘磊、吴国新、葛久平等。

由于时间仓促，且作者水平有限，书中疏漏和错误之处在所难免，敬请读者批评指正。

作　者

目录

第 1 章

吸引买家的价格

本章重点：

- 在价格中吸引人之折扣
- 在价格中吸引人之奖品攻略
- 在价格中吸引人之变相折扣
- 在价格中吸引人之熟人买卖

本章的重点是对网店销售中商品的价格进行详细地剖析，同样的商品、同样的宣传口号、同样的服务，两家店如果在同一个平台进行较量的话，可以快速让买家进行“秒杀”的就只剩下价格了。在卖家不会赔钱的基础上，与原价相差不是很多，或只是在原有价格上的轻微折扣，在图片中的视觉和买家心理上就会起到一个绝对的主导作用，这就是价格的魅力，将价格直接以视觉的方式加在商品图片中就会起到推波助澜的作用，如图 1-1 所示。

图 1-1　价格促销

1.1　在价格中吸引人之折扣

网店中宣传得再好的商品，如果和价格脱离的话，最后的结果也不会很出色，因为买家虽然会被所宣传产品的功能或特点吸引，对商品产生一些兴趣，但由于没有吸引买家的折扣作为卖点，最后买家会选择“查看其他店铺中同类商品”的操作。如何将买家直接留在本店并且做出购买的选择，至关重要的就是商品广告中的价格折扣。很多人买东西都是一时的冲动，冷静下来后会拒绝购买，让顾客在购买欲最强烈的时候完成交易才是店家最想要的。价格促销在店铺中是一把“双刃剑”，有时会为店家带来更多的利润，但有时也会给店家带来许多的无奈，所以在折扣上做文章绝对是一件需要技巧的事情。

1.1.1　总是低于整数的小数价格

给浏览网店的顾客造成一个视觉错误，从而将商品轻松售出是一个非常有效的方案。例如将卖 10 元的商品定价为 9.9 元，此时在视觉和买家心理上都会起到一个不小的冲击，在商品销售上也会起到推动的作用，因为在买家的心理上都会有一个共识，就是 9.9 元比 10 元少，甚至会有买家觉得这个商品不到 10 元，很超值。如图 1-2 所示的效果为整数和低于整数的小数的价格促销，从中不难看出更具有吸引力的图片是小数价格，虽然每个商品少赚了 1 角钱，但是多卖出的商品绝对会比整数价格时得到的利润大很多。

图 1-2　整数价格与低于整数价格的对比

提示

在对商品照片进行价格编辑时，应该避开商品的第一视觉，让买家先看到商品的品牌，然后再看到商品的促销价格，这样的好处是可以让买家在心理上产生对当前品牌商品的价格接受度，从而达到成交的目的。

1.1.2　主导优惠的错觉折价

错觉折价可以更直观地体现出本商品的价值，例如花 100 元买 140 元的商品，在广告式的价格促销中让买家看到优惠所在，虽然等同于打 6 折，但从侧面给买家的印象却是本商品不是打折货物而是正品。错觉折价实际上也是一种打折的促销模式，但是给大家的印象却是一种非常实惠的省钱方案，如图 1-3 所示为直接标注价格和错觉折价价格的对比，从中我们不难看出哪个更有竞争力。

图 1-3　直接价格与错觉折价的对比

1.1.3　时间优惠的折价方案

所谓时间优惠的折价方案，就是商品的价格随着时间的推移出现阶梯式的变化。比如：新品上架第一天按 5 折销售，第二天 6 折，第三天 7 折，第四天 8 折，第五天 9 折，第六天原价销售。这样给顾客造成一种时间上的紧迫感，越早买越划算，减少买家的犹豫时间，促使他们“冲动购物”。当然时间优惠的折价方式有很多，店家可以根据自己的实际情况来设定，宗旨就是既吸引客户又不会让店里亏本。

如果网店经营的是时令商品，保质期较短，我们还可以采用一种逆向式的阶梯折价方案。有一则国外的真实案例，有一家蛋糕店的老板，对当天卖不完的蛋糕在第二天做了打折，只要原价的一半，第二天基本上就将蛋糕卖完了。当美国爱德华法宁的商人知道了这个事情以后，有了灵感，提出了这样的一个自动降价促销方案：“销售初期 1～5 天全价销售，5～10 天降价 25%，10～15 天降价 50%，15～20 天降价 75%”。

这个方案内的降价幅度对于不同的行业可以指定不同的标准，对时间限制较严格的商品可以加大商品的折扣力度，反之则拉长降价区间。

对于时令性商品，特别是容易过期或者过时的商品，如果商家不及时处理，那么商品就会成为废品。废品是没有价值的，与其浪费生产成本，还不如获取尽可能多的利润。

1.1.4　用限时折扣吸引买家的连带销售

用限时折扣吸引买家的连带销售，主要是指打出“本店商品在早上 8：00 至 8：10 之间部分商品 2 折销售”之类广告，从时间上对买家进行约束，让买家将浏览的目光聚集在本店中。买家无论来得早或晚，都会对本店的商品进行查看，做到心中有数，这样买家脑海中无形中会留下一些商品的痕迹，知道店铺中商品的特色，从而可以促成后期的交易，如图 1-4 所示为商品的限时折扣宣传广告。

图 1-4　限时折扣吸引买家

1.1.5　吸引眼球的直观打折

直观打折无论是在实体店还是网店，都是使用最频繁的一种价格促销方式，该方案可以对浏览的买家直接进行折扣刺激，在激发购买冲动的同时完成交易，以此来达到增加网店营业额的目的。比如直接在商品照片上加上“3 折”或者“降价后再 3 折”这样的促销文字，在销售中绝对可以吸引买家的眼球，让买家来“秒杀”，如图 1-5 所示。

图 1-5　直观打折

1.1.6　降价折扣图片的制作

降价折扣比直接折扣更具竞争力，本节以男士服装作为样板制作一个降价折扣的图片宣传广告，具体操作如下。

操作步骤

1. 启动 Photoshop，打开一张男装照片，如图 1-6 所示。此时发现当前的照片有一些发暗，需要将其调整得亮一点，这时我们可以使用“色阶”工具对其进行调整。

2. 执行菜单中“图片/调整/色阶”命令，打开“色阶”对话框，其中的参数值设置如图 1-7 所示。

图 1-6　男装素材

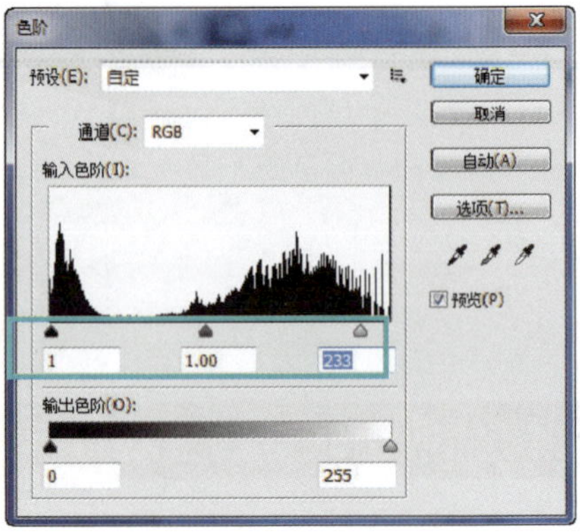

图 1-7　“色阶”对话框

3. 设置完毕单击“确定”按钮，效果如图 1-8 所示。此时照片已经变亮。

图 1-8　调整后

4. 下面进行折扣宣传文字的制作，使用 T（横排文字工具）在图片的右面键入文字，选择其中的关键数字，将其设置为红色，并调整大小，如图 1-9 所示。

5. 新建一个图层，在文字下面绘制一个红色矩形，如图 1-10 所示。

6. 执行菜单中“图层/图层样式/描边和投影”命令，分别打开“投影”面板和“描边”面板，其中的参数值设置如图 1-11 所示。

男人的选择，
穿出体面、穿出个性。
CHOOSE OUT MEN DECENT PERSONALITY PIERCING
店庆期间全场男装每件优惠100元
并再打9折。欢迎新老客户光临。
男人的选择，
穿出体面、穿出个性。
CHOOSE OUT MEN DECENT PERSONALITY PIERCING
店庆期间全场男装每件优惠100元
并再打9折。欢迎新老客户光临。

图 1-9　键入文字

男人的选择，
穿出体面、穿出个性。
CHOOSE OUT MEN DECENT PERSONALITY PIERCING
店庆期间全场男装每件优惠100元
并再打9折。欢迎新老客户光临。

图 1-10　绘制矩形

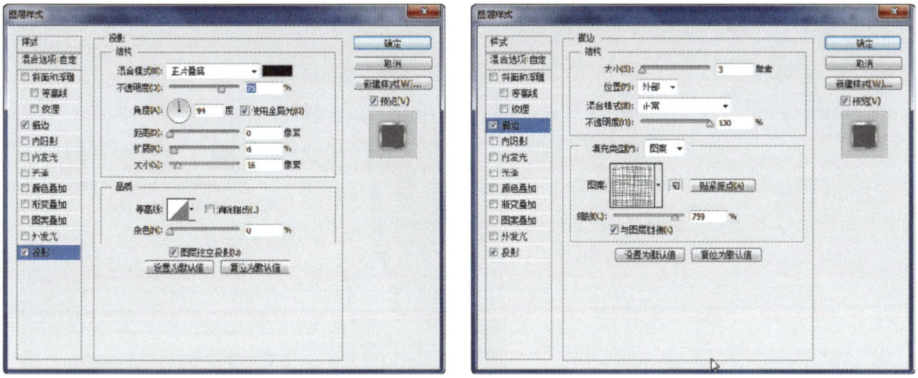

图层样式
确定
取消
图层样式
确定
取消

图 1-11 图层样式

7. 设置完毕单击“确定”按钮，效果如图 1-12 所示。

8. 使用文字工具在红色矩形上键入白色文字，如图 1-13 所示。

图 1-12　添加样式

图 1-13　键入文字

9. 选择（画笔工具）按 F5 键打开“画笔”面板，其中的参数值设置如图 1-14 所示。

提示

使用画笔工具绘制虚线时，最主要的设置就是“画笔”面板中的“间距”选项。

10. 按住 Shift 键在两组文字之间绘制水平白色虚线，效果如图 1-15 所示。

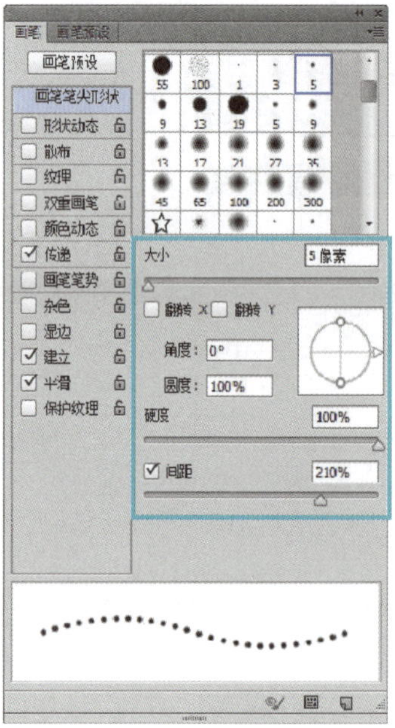

图 1-14　画笔面板

图 1-15　绘制虚线

11. 新建一个图层，选择（自定义形状工具），在“属性”栏中的“形状拾色器”中选择“箭头”形状，如图 1-16 所示。

12. 使用（自定义形状工具）在合适的位置绘制白色箭头，至此完成降价折扣图片的制作，如图 1-17 所示。

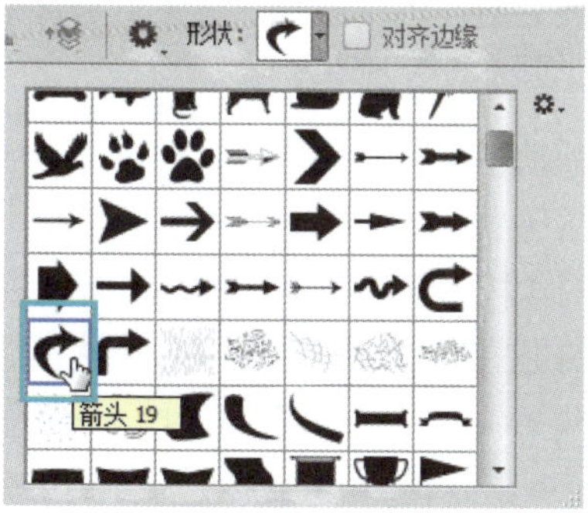

图 1-16 选择形状

图 1-17 降价折扣图片

1.2 在价格中吸引人之奖品攻略

在价格销售中如果以奖品的形式进行捆绑销售，绝对可以将人们爱占便宜的心理“勾引”起来，甚至有些购买者还会专门冲着奖品而来，这样的销售可以激起购买者的购买冲动，在“买一送一”“百分之百中奖”等极具诱惑力的宣传口号中，增加网店的销售额是水到渠成的一件事情。

1.2.1 买一送一

买一送一，在图片的销售宣传中可以起到如虎添翼的效果，“送一”可以是在不赔本的基础上直接以商品进行赠送，也就是说花一份钱可以买到两个商品。对于利薄的商品要使用当前的宣传口号，可以将赠送的商品换成价格较便宜的商品。在宣传口号中使用“买一送一”或“赠一”是奖品攻略最直接的形式，如图 1-18 所示。

图 1-18 买一送一

1.2.2 百分之百中奖

把折扣换成奖品，且百分之百中奖只不过是新瓶装老酒，不仅迎合了买家总是想中彩头的心理，而且实实在在的优惠让买家得到物质上的满足，买卖双方都会受益。

任何人都有一个中奖情结，希望自己能够在某次活动中得到一件奖品。如果买本店的商品就会在最后的抽奖环节中得到一个奖品，而且是没有任何悬念的，在能够中奖的基础上还能够得到一个更大的奖品，对每个买家都会起到推动消费的作用，从而将本店的商品成功卖出去，百分之百中奖的销售模式在实体店中可以直接以抽奖的形式进行，但是在网店中就不能以抽奖的形式完成。我们可以将奖品分成三个等级，然后根据奖品的大小和多少按比例进行分配，让已购买的买家在此区域进行选择奖品的操作，比如我们可以放置 10 个奖牌，一等奖 1 个、二等奖 2 个、三等奖 7 个，选择奖品后会弹出奖项的等级，从而刺激买家进行消费，如图 1-19 所示。百分之百中奖的宣传广告如图 1-20 所示。

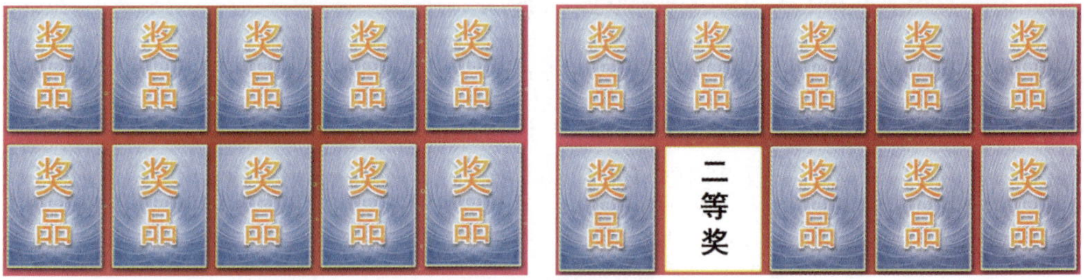

图 1-19　奖品形式

图 1-20　百分之百中奖

1.2.3　箱箱有礼

本促销方式适合用箱包装的商品，可以是软饮料或者酒水等。此方案涉及的顾客众多，并且不会受到门槛的约束，所以此方案的使用是最为广泛的。

通过箱箱有礼、箱箱有奖或返箱有礼的促销方式可以刺激有中奖情结的买家成箱地购买，从而直接加大销量，如图 1-21 所示。

图 1-21　返箱有礼

1.2.4　收藏有礼

本促销方式适用于想对自己网店进行大力宣传的店铺。买家可以通过收藏店铺来获得一份礼物，这个“从天而降”的礼物对买家有着很大的吸引力，具体的宣传方式如图 1-22 所示。

> **提示**　对于想要好评的卖家，可以在网店中直接将“好评有礼”的口号宣传出去，如图 1-23 所示。

收藏有礼
凡是收藏本店，均可获赠
高科技纳米毛巾一份。
规则：买家须提供截图发给客服，证明"收藏"，运费有买家承担。
高科技
纳米毛巾
养车纺高科技纳米毛巾
Pleasandy surprised
收藏有礼
收藏本店
购物且收藏，亲将得到神秘礼物一份，数量有限，送完为止。
付款时请亲将截图提供给我们的客服。

图 1-22　收藏有礼

好评有礼
支付宝
返现金
2元
好评有礼
支付宝
返现金
5元
好评有礼
5分=5元

图 1-23　好评有礼

1.2.5　积分换礼品

积分换礼品的促销方式具有长期效应，卖家可以通过积分的方式将买家长期拉拢在本店消费，从而实现共赢的效果，积分换礼品可以是将积分积累到一定限额后，直接在此范围内兑换礼品，也可以通过将积分转换为现金的方式直接进行折扣，如图 1-24 所示。

图 1-24　积分换礼品

1.2.6　生日送蛋糕

买家在淘宝中进行实名认证注册后，如果在生日那天在店铺里购物，店铺可以为买家准备一份生日蛋糕，以此来体现店铺的温馨之处，并让买家永久记住这家店铺，从而变为长久客户。如果收取快递的位置较远，寄送蛋糕受时间限制，店铺可以为买家准备一份生日礼物作为购物惊喜，此销售方式对于喜欢生日蛋糕或生日礼物的买家来说是非常具有杀伤力的，如图 1-25 所示。

图 1-25　积分换礼品

1.2.7　奖品攻略图片的制作

奖品攻略折扣对于喜欢精打细算或喜欢小礼物的买家是非常有吸引力的，下面以“收藏有礼”为样板为大家制作一个图片宣传广告，具体操作如下。

操作步骤

1. 启动 Photoshop，执行菜单中“文件/新建”命令，在“新建”对话框中设置“宽度”为 750 像素，“高度”为 500 像素，“分辨率”为 72 像素/英寸，设置名称为“收藏有礼”，如图 1-26 所示。

提示

此处设置的宽度是淘宝店铺中“右侧自定义区域”的宽度。

2. 设置完毕单击“确定”按钮，新建一个空白文档，使用 （渐变工具）在文档中填充一个“从浅黄色到黄色”的径向渐变，如图 1-27 所示。

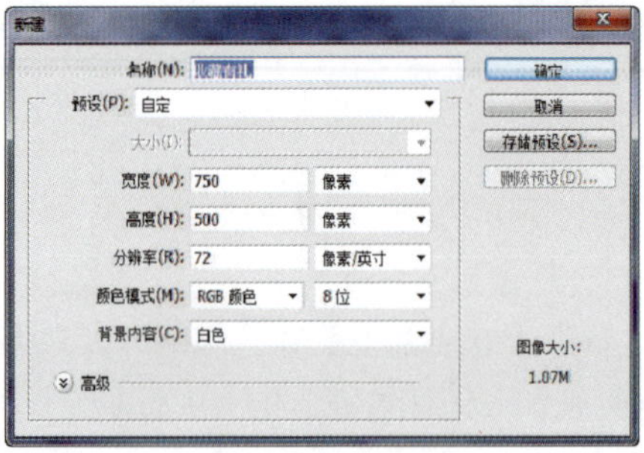

图 1-26　新建对话框

图 1-27　填充渐变色

3. 执行菜单中“图层/创建新的填充图层/图案”命令，打开“图案填充”对话框，其中的参数值设置如图 1-28 所示。

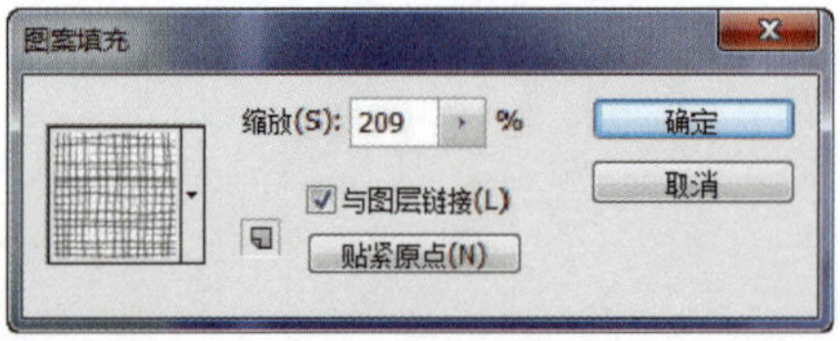

图 1-28　“图案填充”对话框

4. 设置完毕直接单击“确定”按钮，设置“混合模式”为“颜色加深”，效果如图 1-29 所示。

图 1-29　图案填充后

5. 找一些与之相关的花纹、盒子、气球等素材并将其移动到“收藏有礼”文档中，效果如图 1-30 所示。

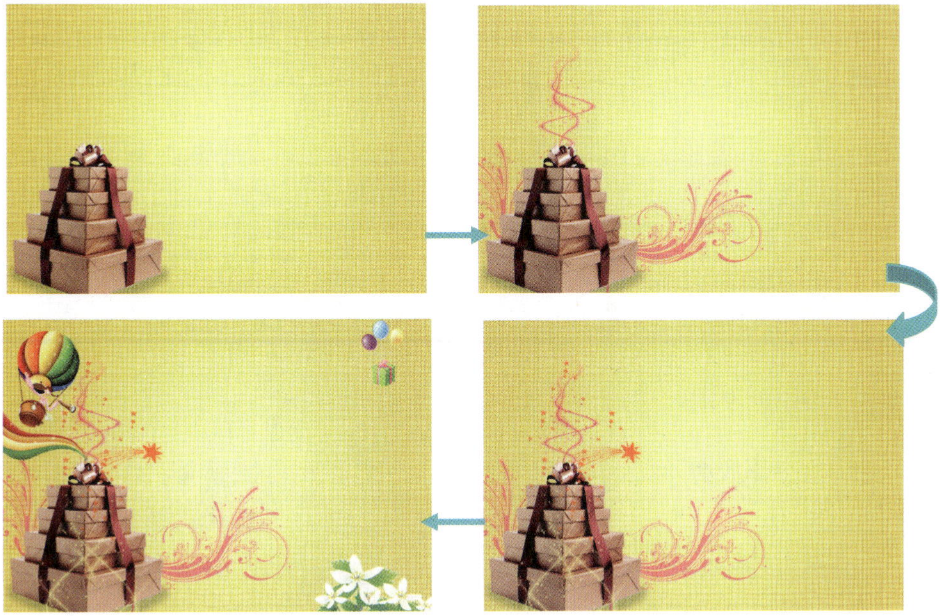

图 1-30　移入素材

6. 在图片的相应位置键入绿色文字，再为其移入一个“飘带”素材，如图 1-31 所示。

图 1-31　键入文字

7. 将文字和飘带所在的图层一起选取后，按 Ctrl+E 键将两个图层合并为一个图层，再执行菜单中“图层/图层样式/外发光和描边”命令，分别打开“描边”和“外发光”对话框，其中的参数值设置如图 1-32 所示。

8. 设置完毕单击“确定”按钮，效果如图 1-33 所示。

9. 在文字下面绘制一个平行四边形、圆角矩形和一个会话框，如图 1-34 所示。

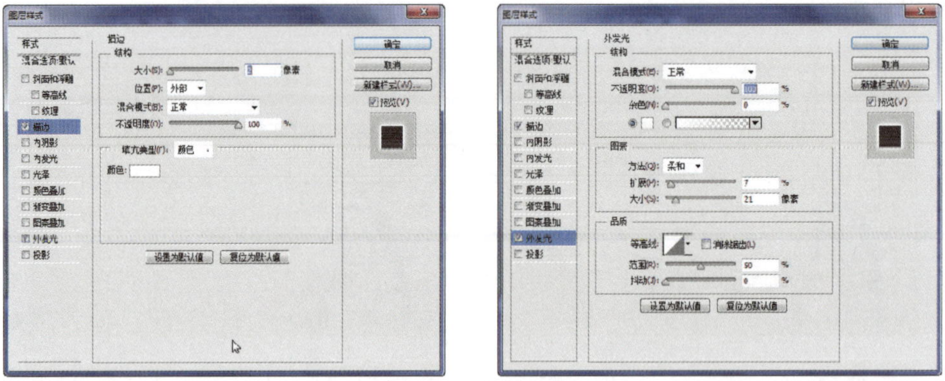

图 1-32　图层样式

图 1-33　添加图层样式

图 1-34　绘制形状

10. 在相应位置键入与之相关的文字介绍，如图 1-35 所示。

11. 找到一个修饰用的小精灵图案，将其移动到“收藏有礼”的上方，至此本例制作完毕，效果如图 1-36 所示。

图 1-35　键入文字

图 1-36　最终效果

1.3　在价格中吸引人之变相折扣

在价格销售中的变相折扣，其实就是用折扣促销来提升店铺销量的，只不过在实际的操作过程中，不会让“打折”字样出现在促销宣传中而已。

1.3.1　抹零化整的变相折扣

抹零化整，通俗地讲也就是把零头抹掉。比如说一件商品单价 54.5 元，在付款的时候买家只要付 50 元就可以了。这个方案总体来说有两个好处，第一就是大方，上网购物的买家对价格的敏感程度应该说是很高的，只要有优惠的机会，还是很吸引买家的。而这种抹掉零头的方式会让买家觉得既得到了优惠，又不是打折货，品质没有“掉价”。第二是能够控制成本，对于抹零头的做法，掌柜是可以控制的，而且零头再多也不会超过 10 元。比如 54.5 元的商品，要是打 9 折，买家会觉得折扣太少，但是要打 8 折，利润就会少 10.9 元，而抹掉零头显得既大方又不“掉价”，卖家还节约了成本。在为店铺或商品宣传时，抹零化整的销售方式会显得非常大气，如图 1-37 所示。

图 1-37　抹零化整

1.3.2　多买多送的变相折扣

多买多送的销售模式，其实就是鼓励买家一次买多件商品，当然鼓励的方式就是送给买家一定比例的商品。有时候买家会为了多拿一点赠品而多买你的宝贝。比如食品和电器类目操作起来就很方便。当然服装类目也是可以的，比如用几件不同价位的 T 恤或者打底衫作为多买的赠品，也是很能吸引买家的，多买多送的图片宣传多体现在“多送”上，使买家能够在赠品的吸引下完成最终的“多买”行动，如图 1-38 所示。

图 1-38　多买多送

1.3.3　加量不加价的变相折扣

加量不加价也是我们在日常的广告中经常会听到的促销方式，特别是快速消费品行业。在我们的网店经营中也可以用这种方式。买家之所以喜欢这种促销方式，就是因为人都很喜欢“贪便宜”，同样的价格能买到更多商品为什么不买呢？即使没有加多少量，买家也会优先考虑。因为“加量”这个词满足了他们的“贪便宜”心理，让他们感觉到了实惠。这个方案在快速消费品类目中应该是屡试不爽的。比如 40 元可以买 500g 的脆脆鲨，现在加量不加价，40 元可以买到 600g。但是有一点要提醒各位掌柜，在实际操作中一定要兑现你的“加量”，因为买家的眼睛是雪亮的，只有真正兑现你的促销诺言，才会让新客户成为老客户，如图 1-39 所示。

图 1-39　加量不加价

1.3.4　组合销售的变相折扣

组合销售顾名思义就是将商品组合之后进行销售。这个方式看似没有创新之处，但是对于店铺来说，这种销售形式，无疑会带来更多的生意。我们来分析一下原因，买家在选购宝贝的时候都带有随意性，真正有目的性购物的只是其中的一小部分，往往会有这种情况：我本来是要想买件 T 恤的，进一家店逛逛，最后买了一堆东西，看中的 T 恤配个牛仔背带裙应该很好看，配好之后觉得如果再买双板鞋就更配了。从客户购物随意性的心理出发，我们可以组合销售，加上组合后的优惠力度，促进我们的销售。在淘宝上已经有很多卖家在使用这个方式进行销售了，如图 1-40 所示。

图 1-40　组合销售

1.3.5 变相折扣图片的制作

变相折扣在宣传中是看不到“折扣”这两个字的，宣传图片会给买家一种此商品不是打折商品的错觉，本节以抹零化整为例为大家制作一个变相折扣的图片宣传广告，具体操作如下。

操作步骤

1. 启动 Photoshop，打开“围巾”和“背景”素材，将“围巾”素材图片移动到“背景”文档中，设置“混合模式”为“变暗”，效果如图 1-41 所示。

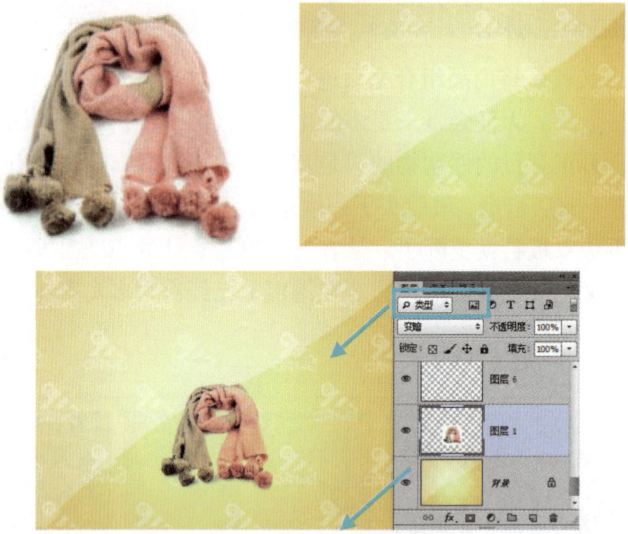

图 1-41 混合模式

2. 复制围巾所在的图层 1，得到图层 1 副本，执行菜单中“编辑/变换/垂直翻转”命令，将图片翻转后，移动位置设置“不透明度”，效果如图 1-42 所示。

图 1-42 翻转

3. 设置文字字体和大小后，键入文字“限时尊抢抹零化整”，如图 1-43 所示。

图 1-43　键入文字

4. 为键入的文字添加“投影、渐变叠加、外发光”样式，参数设置如图 1-44 所示。

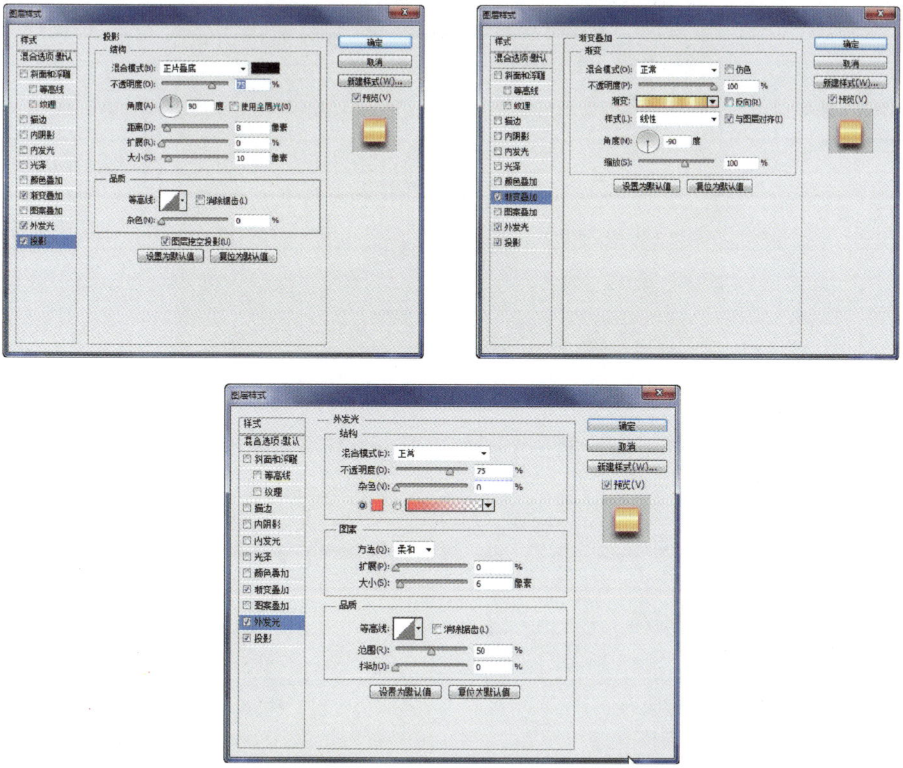

图 1-44　图层样式

5. 设置完毕单击“确定”按钮，效果如图 1-45 所示。

图 1-45　添加图层样式

6. 再键入其他的文字，并为其添加与之对应的图层样式，效果如图 1-46 所示。

图 1-46　键入文字添加图层样式

7. 在“立即购买”字样下面绘制一个圆角矩形，为其添加图层样式，效果如图 1-47 所示。

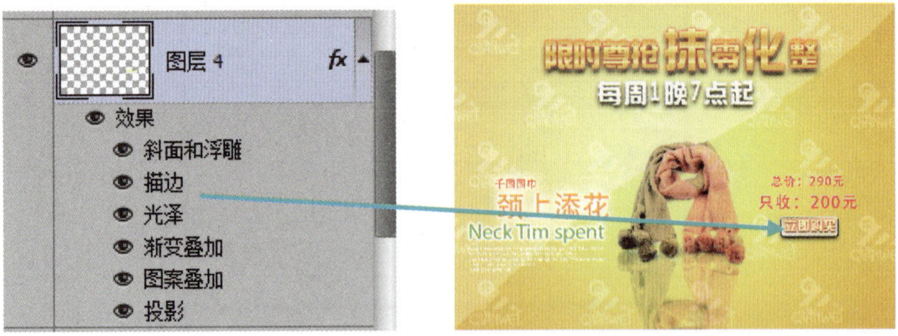

图 1-47　添加样式

8. 绘制一个紫色矩形，调整不透明度，键入文字，完成本例的制作，效果如图 1-48 所示。

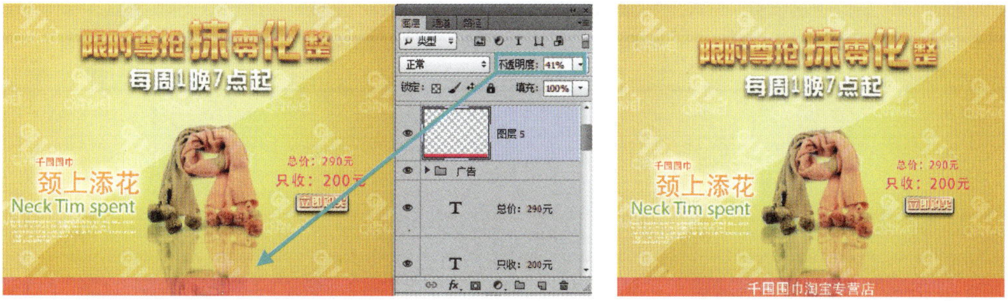

图 1-48　最终效果

图片制作中的背景在制作过程通常会使用（渐变工具）进行绘制，上面的纹理可以使用（钢笔工具）绘制后填充颜色，再调整不透明度，如图 1-49 所示。

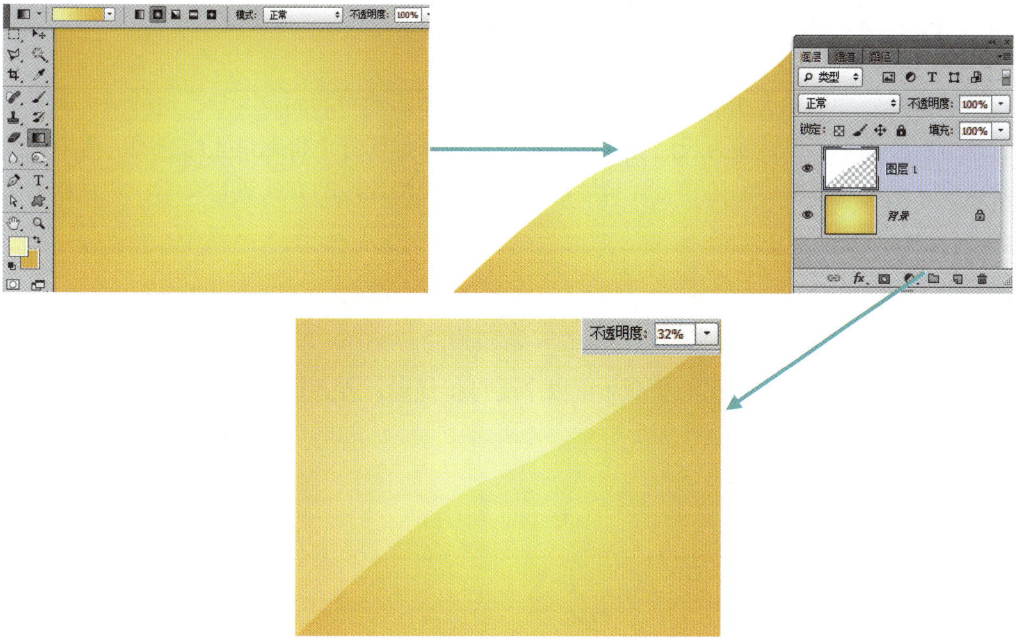

图 1-49　背景制作

背景上的图案可以使用“定义画笔预设”工具并对其绘制方式进行设置，如图 1-50 所示。

图 1-50　定义画笔并绘制

1.4　在价格中吸引人之熟人买卖

在价格销售中的熟人买卖就是将客户变为长期在本店消费的固定客户，这种销售模式的好处就是可以将每个客户转换为长期合作的关系，从而在他们身上得到最大的利润。将陌生人变为熟人后，无论是有新商品还是有促销活动都可以用更加亲近的方式进行交流，并且让消费者对卖家产生信任感。

1.4.1　再次购买本店商品可以享受打折优惠

直接在宣传中体现出再次购买商品可以享受打折优惠，或者是凭两次购买记录可以在本次购买商品时实现打折优惠，这样无形中就会将买家变为本店的回头客，经常使用的宣传广告图片如图 1-51 所示。

图 1-51　再次购买

1.4.2　会员区间价格

成为某个店铺的会员后，不但可以积分换商品，而且许多商品都享受会员价格，比没有会员卡的人购物要便宜一些，会员区间价格指的是对会员定制的价格区间价位，例如 70 元到 90 元之间，而对非会员价格就是 80 元到 100 元之间。单从价格上就能吸引一些买家，并让其成为会员，使其成为本店的长期客户，从价格上感觉店铺赚得少了一些，但是时间长了自然就会在会员身上得到更大的利润。具体的会员区间价格宣传广告图片如图 1-52 所示。

图 1-52　会员价格

1.4.3　累计返现

累计返现是价格促销中最能刺激买家购买欲望的一项措施，因为买家消费到一定限额后可以直接从中返现金。在买卖中现金是最能刺激购买欲的，当累积到一定购买额度后直接以现金的形式返还给买家，这样做的好处是能够让买家感觉到在买商品的过程中得到真正的实惠。累计返现的宣传如图 1-53 所示。

图 1-53　累计返现

1.4.4 会员优惠图片的制作

会员优惠顾名思义就是只为顾客中的会员进行折扣优惠或者返利等，下面以会员折扣优惠为例，制作一个针对会员优惠的图片宣传广告，具体操作如下。

操作步骤

1. 启动 Photoshop，打开一张购物的照片，将其作为背景，新建一个图层绘制一个粉红色矩形后调整不透明度，效果如图 1-54 所示。

图 1-54　不透明度

2. 打开一张礼盒的素材，将其移动到购物照片中，设置“混合模式”效果，如图 1-55 所示。

图 1-55　混合模式

3. 在半透明粉红色区域键入文字，如图 1-56 所示。

图 1-56　键入文字

4. 执行菜单中“图层/图层样式/描边、外发光和投影”命令，分别打开“描边”面板、“外发光”面板和“投影”面板，其中的参数值设置如图 1-57 所示。

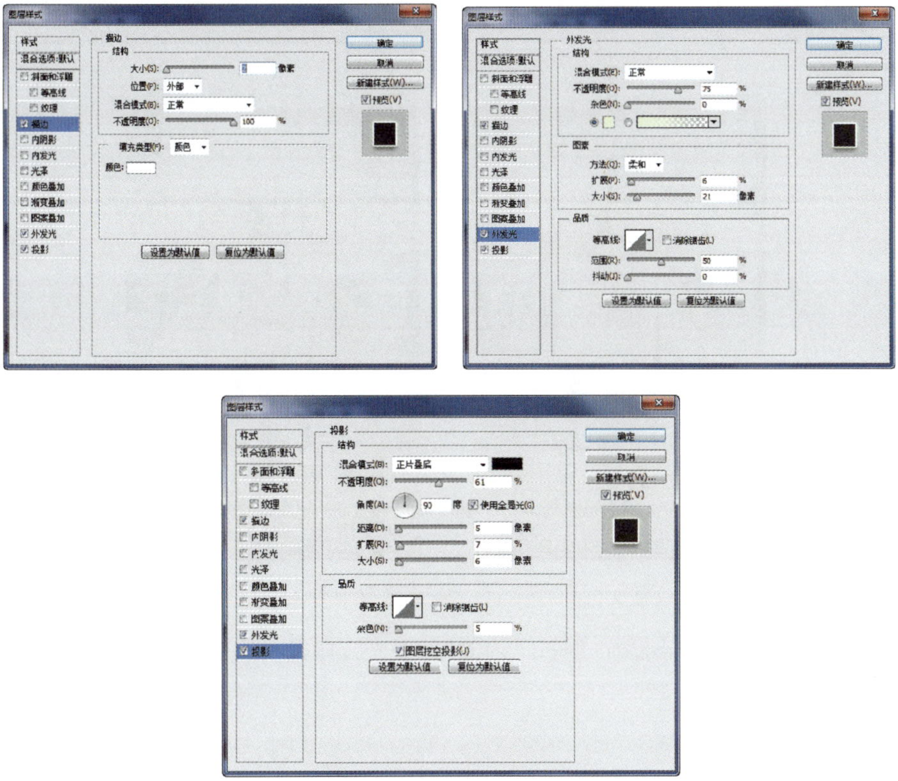

图 1-57　图层样式

5. 设置完毕，单击“确定”按钮，效果如图 1-58 所示。

图 1-58　添加样式

6. 使用（画笔工具）在文字中间绘制黑色边框，在边框内键入白色文字，效果如图 1-59 所示。

图 1-59　绘制边框键入文字

7. 为“会员”这两个字添加“投影”和“外发光”样式，效果如图 1-60 所示。

图 1-60　绘制边框键入文字

8. 再次键入与中文对应的英文，并为其添加“投影、外发光和描边”样式，效果如图 1-61 所示。

图 1-61　绘制边框键入文字

9. 绘制一个粉红色文本框，并为其添加“描边”样式，效果如图 1-62 所示。

10. 在文本框键入文字，文字内容要体现出折扣优惠，这样可以吸引买家，效果如图 1-63 所示。

11. 在文本框上绘制一个白色拎包美女的自定义形状，本例制作完毕，效果如图 1-64 所示。

图 1-62　绘制会话框

图 1-63　键入文字

图 1-64　最终效果

第 2 章

吸引买家的商品特色

本章指导

- 通过商品功能吸引买家
- 通过商品特点吸引买家
- 通过凸显商品自身吸引买家
- 通过添加图片标签吸引买家
- 通过添加情趣对话吸引买家
- 通过对商品图片进行后期美化吸引买家

本章的重点是针对网店销售中的商品。在网上卖东西其实就是卖图片，商品再好，拍出的图片如果不吸引人，那么此商品最后的结局无外乎两个：一个是永远放在占用网店的位置成为“僵尸商品”变为库存，一个就是被卖家直接下架更换成其他商品。如果通过对图片后期的加工而凸显出商品的特色，这样就会直接改变商品在网店中的命运，如图 2-1 所示的图片，已经通过文字或修饰来凸显商品的特色。

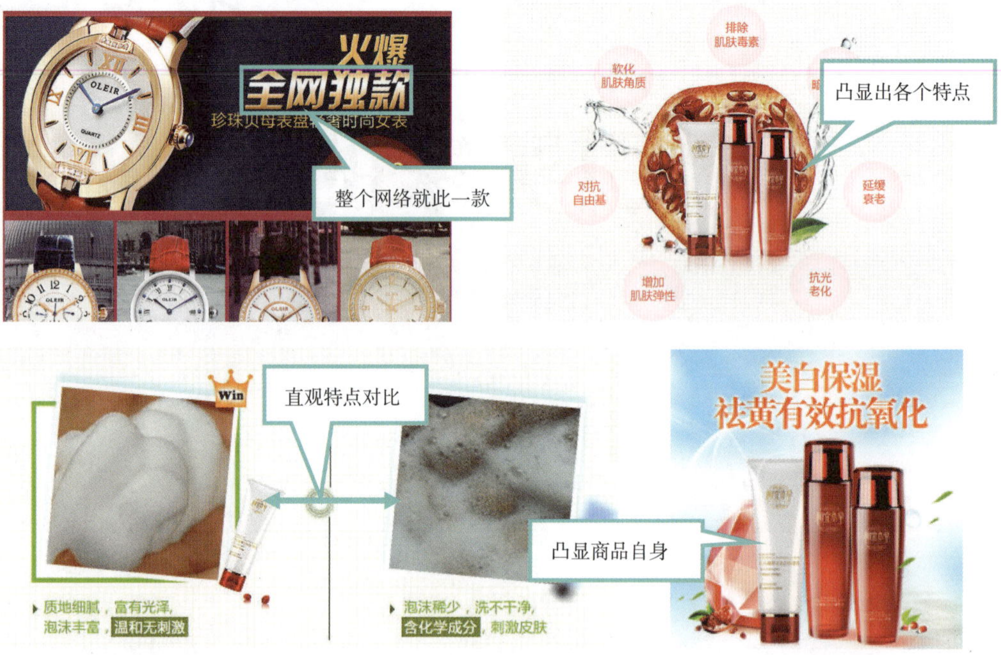

图 2-1　商品重点

2.1　通过商品功能吸引买家

直接在图片中将商品自身的功能体现出来，让买家以最直观的方式对商品进行了解，在图片中凸显其在同类商品中所独有的功能，来区分自身的与众不同。具有其他同类商品没有的功能，是商品最大的一个卖点。

2.1.1　直接描述商品的功能

有很大一部分在淘宝中浏览的人是直接奔着功能去的，比如需要美白或需要减肥的人，她们会在商品介绍中只查看需要的那部分功能，这时如果商品功能没在图片中直接体现的话，会是一件很吃亏的事情。还有一部分人是已经拥有一件此类商品了，但是还想看一下有没有更好的，此时如果在图片中加入功能对比效果图，可能他就会是你的下一个客户，如图 2-2 所示的图片为直接通过文字描述凸显商品功能。

图 2-2　通过文字描述凸显商品功能

提示

通过文字可以非常直观地表达商品本身所具有的功能，文字的好处是可以将多个功能都体现在当前图片中。

2.1.2　通过图片对比凸显商品的功能

通过图片展示商品本身的功能，能够在视觉中以最直接的方式吸引买家的眼球，从而促使浏览者进行更仔细地阅读与观察，从而达到最终目的，也就是将商品卖出使店家得到利益。用图片直接展现商品功能最好是用相近图片进行对比，在视觉中形成反差从而抓住浏览者的眼球，如图 2-3 所示。

图 2-3　通过图片的对比凸显商品功能

2.2 通过商品特色吸引买家

商品特色就是商品本身所具有的优势，也就是与其他商品不一样的地方。而网店的特色可以是具有本店特色的“店招”，可以是特色商品本身，也可以是与商品本身特色相呼应的宝贝描述。所有这些其实就是为了卖货。

2.2.1 用特色店招来吸引买家

一个能够吸引买家驻足的店招，背后带来的利润并不是一件特色商品所能比拟的，它有可能对整个店铺中的所有商品都能进行交易带动，如图 2-4 所示的店招为哈根达斯与化妆品店铺的店招，这样的店招会给买家一种想将所有商品都浏览一遍的冲动。

图 2-4　特色店招

2.2.2 用商品本身的特点吸引买家

在店铺中，能够第一时间吸引买家按照购买目的进行浏览的，除了商品自定义促销广告之外，就是商品本身了，在这里可以直接将商品的特点反映到图片中，如图 2-5 所示为迷你电饭煲的商品图片，反映的特点是迷你。

图 2-5　特色商品

2.2.3　通过宝贝描述来吸引买家

在宝贝描述中可以更加细致地对商品的特点进行描述，使买家对商品了解更多，如图 2-6 所示，图片为哈根达斯的宝贝描述的局部，通过对宝贝的细心描述可以增加买家进行交易的冲动。

图 2-6　宝贝描述

2.3　通过凸显商品自身吸引买家

在整幅图片中，如果把商品直接放进去，那么对于浏览者来说，不会产生对商品最佳的第一印象，如果有一个与之相对应的背景，就可以大大提升商品本身的可欣赏程度。在背景中将商品本身凸显出来，不但可以加强商品本身的视觉感，还可以增强图片整体的层次。

2.3.1　虚实对比凸显商品

在商品图片中将除商品以外的区域进行模糊处理，可以凸显主体，模糊可以是高斯模糊也可以是镜像模糊，如图 2-7 所示。

图 2-7　虚实对比凸显商品

2.3.2　大小对比凸显商品

在图片中单独将商品进行放大，使其与原图中的商品产生大小对比，此时的视觉感受会变得非常强烈，如图 2-8 所示。

图 2-8　大小对比凸显商品

图 2-8　大小对比凸显商品（续图）

2.3.3　通过调整背景细节凸显商品

对于图片中的细节调整，不但可以增加主体部分的视觉强度，还可以将图片整体处理得更加有层次感，使商品本身看起来档次更高，如图 2-9 所示。

图 2-9　调整细节凸显主体

2.4　通过添加图片标签吸引买家

标签可以是独立的也可以是与商品相融合的。为商品图片添加标签，最直观的视觉表现就是可以通过标签内容吸引买家的注意，标签可以是价格方面，也可以是促销或新品等方面。

2.4.1 添加打折或限价标签

为商品制作图片后，添加一个打折或低价标签，可以让买家增加几分购买欲，让买家感觉省了一些钱，这点正是买家最想要看到的。标签可以在图片的边角，也可以放置到图片的内部，如图 2-10 所示。

图 2-10 打折标签

2.4.2　添加限时购标签

在商品图片中添加一个限时标签提醒买家购买时间，先将买家的注意力吸引过来，才能有机会完成以后的交易，如图 2-11 所示。

图 2-11　限时购标签

2.4.3　添加新品以及正品保证标签

在网上买东西最让买家担心的恐怕就是假货了，在店铺中给正品的商品加上标签，可以让买家放心在店铺中进行购买，而新品标签对追新品的买家来说是最有杀伤力的，如图 2-12 所示。

图 2-12　新品及正品

图 2-12 新品及正品（续图）

2.4.4 添加精品标签

标签虽小，但在网上销售中却起到非常重要的作用，下面我们就为大家用 Photoshop 制作一个精品标签，具体操作过程如下。

操作步骤

1. 启动 Photoshop，执行菜单中“文件/打开”命令，打开自己店铺中的一幅商品图片，本例以饰品图片为素材，如图 2-13 所示。

图 2-13 素材

提示

> 此处设置的图片为店铺中展示的商品图片。由于图片以灰色系为主，这里我们为其添加标签时首先要考虑的是凸显视觉，所以我们为标签选择的颜色为紫色，使标签与商品反差大一些。

2. 素材打开后，在“图层”面板中为其新建一个图层 1，使用（多边形工具）在左上角处绘制紫色 15 边形，如图 2-14 所示。

图 2-14　绘制多边形

3. 执行菜单中“图层/图层样式/投影”命令，打开“投影”对话框，其中的参数值设置如图 2-15 所示。

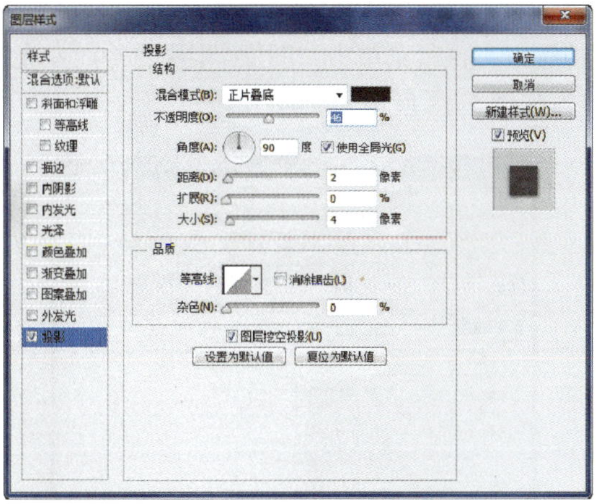

图 2-15　“投影”对话框

4. 设置完毕直接单击“确定”按钮，效果如图 2-16 所示。

图 2-16　添加投影后

5. 新建一个图层 2，使用（椭圆选框工具）绘制一个正圆选区。将前景色设置为“淡粉色”，背景色设置为“紫色”，使用（渐变工具）在选区内填充“从前景色到背景色”的“径向渐变”，效果如图 2-17 所示。

图 2-17　填充渐变

6. 按 Ctrl+D 键去掉选区，执行菜单中“图层/图层样式/内发光”命令，打开“内发光”对话框，其中的参数值设置如图 2-18 所示。

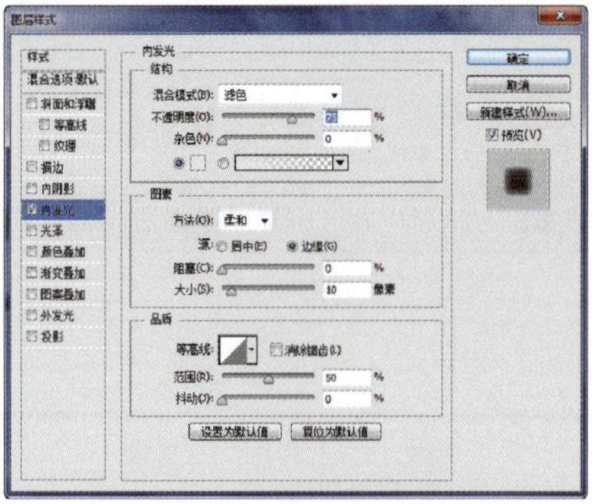

图 2-18　“内发光”对话框

7. 设置完毕单击“确定”按钮，效果如图 2-19 所示。

8. 使用 T（横排文字工具）在正圆内键入白色文字，效果如图 2-20 所示。

图 2-19　添加内发光

图 2-20　键入文字

9. 执行菜单中“图层/图层样式/描边”命令，打开“描边”对话框，其中的参数值设置如图 2-21 所示。

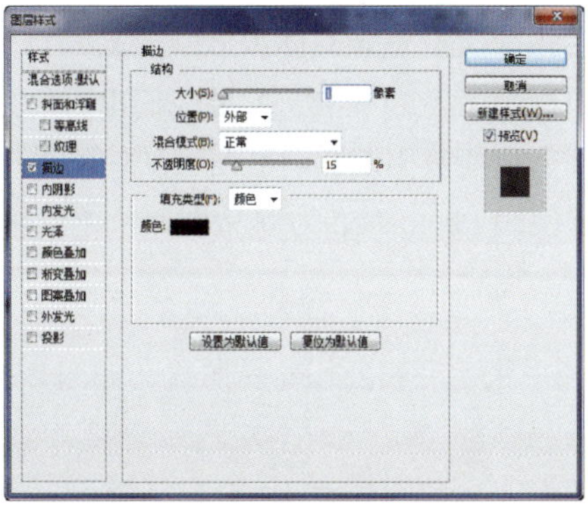

图 2-21　“描边”对话框

10. 设置完毕单击“确定”按钮，设置“混合模式”为“叠加”，效果如图 2-22 所示。

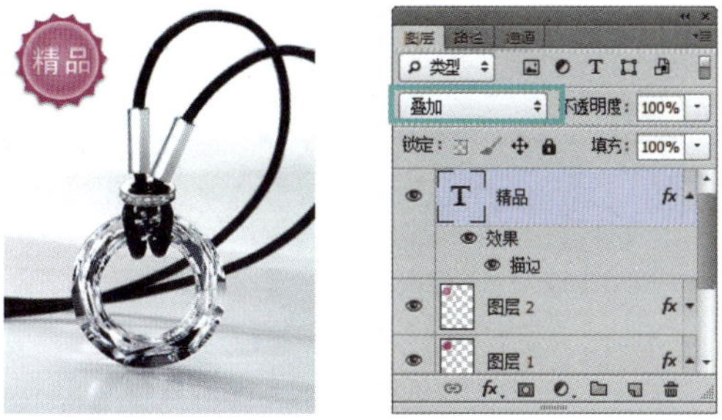

图 2-22　描边

11. 将文字与标签向上移动，至此本例制作完毕，效果如图 2-23 所示。

图 2-23　最终效果

2.5　通过添加情趣对话吸引买家

网拍商品直接放在网店中出售，浏览者只能以欣赏商品的目光来看待此商品，如何为商品增加更多的人气，是每个店家都会考虑的事情，如果我们出售的是卡通商品，那么我们为商品照片添加一些情趣对话，无疑会更能吸引购买者驻足，买家看的时间越长促成购买的几率也就越大。本例就为大家讲解一下使用 Photoshop 为商品添加情趣对话的方法。具体操作如下。

操作步骤

1. 启动 Photoshop，打开一张毛毛熊公仔商品照片，如图 2-24 所示。

图 2-24　素材

2. 打开素材后我们发现两只小熊背对着相依在一起，当前的画面已经很温馨了，如果再加上一些文字就会使照片更具有吸引力。选择（自定义形状工具），在属性栏中设置“工具模式”为“形状”，设置“填充”为无、“描边”为黑色、“宽度”为 2，在“描边选项”中选择虚线，如图 2-25 所示。

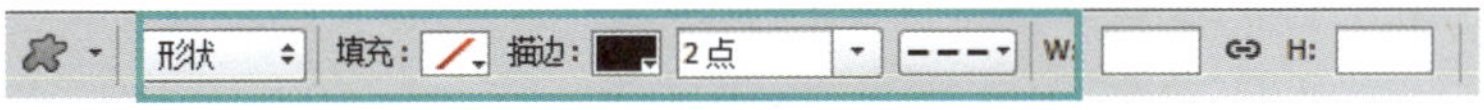

图 2-25　设置属性

3. 在“形状拾色器”弹出菜单中选择“台词框”，如图 2-26 所示。

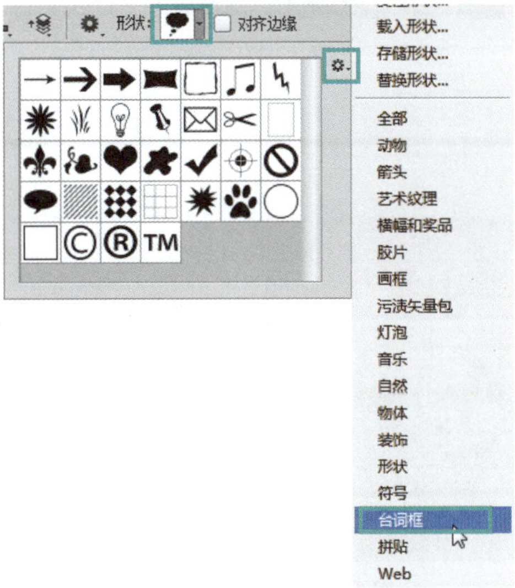

图 2-26　选择

4. 选择“台词框”后，系统弹出如图 2-27 所示的对话框。

5. 单击“确定”按钮，系统会使用“台词框”替换之前的形状，选择其中的一个对话框选项，如图 2-28 所示。

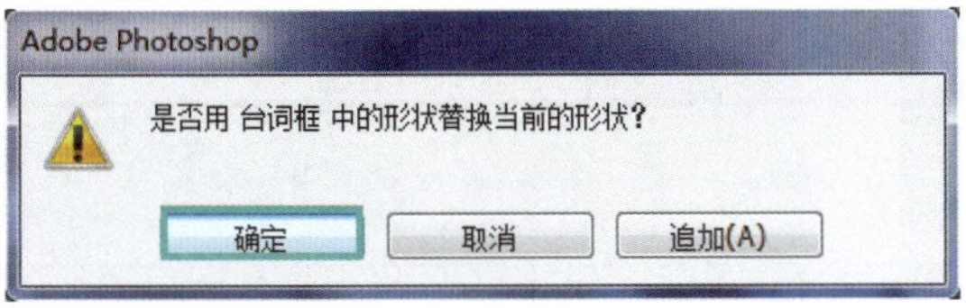

图 2-27　对话框

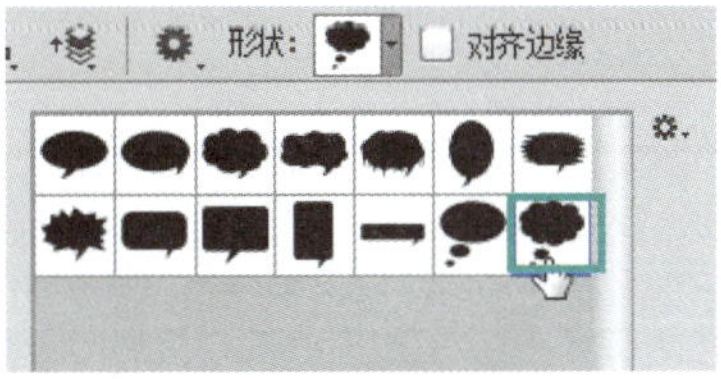

图 2-28　选择

6. 使用（自定义形状工具）绘制黑色台词框，如图 2-29 所示。

图 2-29　绘制

7. 使用T（横排文字工具）在形状内部单击，此时会出现在形状内添加文字的状态，设置文字大小和字体，如图 2-30 所示。

图 2-30　路径内键入文字

8. 在形状内键入文字，效果如图 2-31 所示。

9. 使用文字工具选中其中的个别文字，将其填充为红色，效果如图 2-32 所示。

图 2-31　键入文字

图 2-32　编辑文字

10. 使用T（横排文字工具）键入一个大一点的文字，如图 2-33 所示。

11. 使用T（横排文字工具）在图片左下部键入文字，如图 2-34 所示。

图 2-33　键入文字

图 2-34　键入文字

12. 执行菜单中“图层/图层样式/描边”命令，打开“描边”对话框，其中的参数值设置如图 2-35 所示。

13. 设置完毕单击“确定”按钮，至此本例制作完毕，效果如图 2-36 所示。

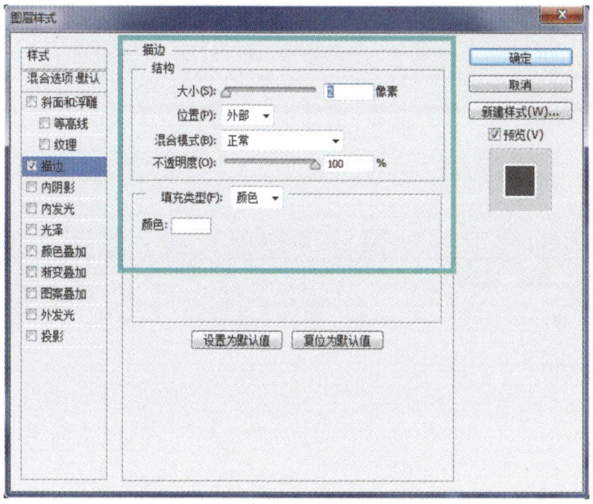

图 2-35　“描边”对话框

图 2-36　最终效果

2.6　通过对商品图片进行后期美化吸引买家

在网店中出售的商品是离不开照片的，如果单独用文字描述商品，会大大降低购买者对该商品的兴趣，一张好的网拍商品图片不但可以直观地展示该商品所具有的图形信息，还能从中看到其主要的特色，从而加大销售的砝码，为店主创造利润，对于大多数店主来说，拍好一张照片不是一件容易的事情，因为环境光线、商品摆放角度、没有移走的其他物品或相机中自动添加日期都会对当前照片起到一定的副作用，下面我们就为大家解决这些常见的问题。

2.6.1 修正拍歪的图片

在拍摄商品照片时由于角度或姿势等问题，会把商品照片拍歪，如果直接将此照片上传到网店中会对整体起到拖后腿的作用，但此时如果想节约成本又想使用此商品照片的话，那么对其进行校正就是最经济也是最快的方式，具体操作过程如下。

操作步骤

1. 启动 Photoshop，打开一张模特站姿被拍歪的图片，如图 2-37 所示。

图 2-37 素材

2. 在“工具箱”中选择（标尺工具）在衣服的中轴线上拖动鼠标创建标尺线，如图 2-38 所示。

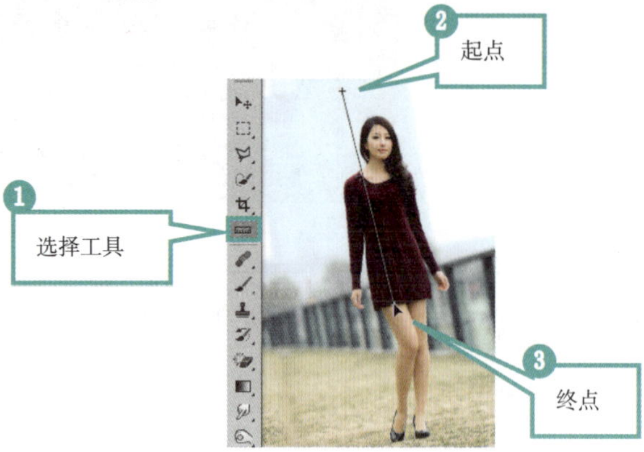

图 2-38 创建标尺线

3. 执行菜单中“图片/图片旋转/任意角度”命令，打开“旋转角度”对话框，此时在对话框中系统会自动显示倾斜的角度，如图 2-39 所示。

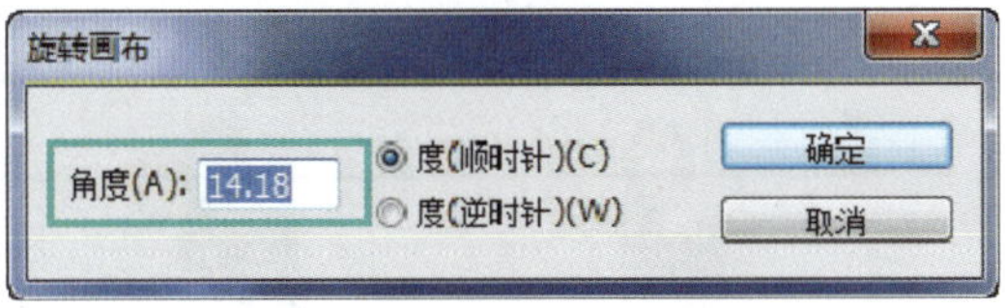

图 2-39　“旋转角度”对话框

提示

在一些 Photoshop 版本中，例如 cs5、cs6 等版本，使用 （标尺工具）创建标尺线后在属性栏直接单击“拉直图层”按钮，即可完成校正旋转。

4. 设置完毕单击“确定”按钮，此时画布将进行旋转，效果如图 2-40 所示。

图 2-40　旋转

5. 此时再使用 （裁剪工具）在模特处创建裁剪框，按回车键完成裁剪，效果如图 2-41 所示。

图 2-41　创建裁剪框

6. 裁剪完毕后使用（污点修复画笔工具）在边缘处进行涂抹，将去掉的背景修补回来，效果如图 2-42 所示。

图 2-42　修复

7. 涂抹完毕后松开鼠标，系统会自动将边缘与背景相融合，此时照片已经被校正完毕，效果如图 2-43 所示。

图 2-43　最终效果

2.6.2　修正拍照时产生的晕影

在拍摄照片时，如果对相机的镜头把握不好，拍出的照片周围经常会出现一圈黑色晕影，在 Photoshop cs6 中校正黑色晕影非常简单，本小节就为大家讲解使用“镜头校正”滤镜校正图片的方法，调整过程如下。

操作步骤

1. 启动 Photoshop 打开一张拍摄时产生晕影的图片，如图 2-44 所示。

图 2-44　素材

2. 打开素材后。在菜单中执行“滤镜/镜头校正”命令，打开“镜头校正”对话框，在对话框中设置“晕影”的参数值，如图 2-45 所示。

图 2-45　镜头校正

提示

在 Photoshop 中“镜头校正”命令中的“晕影”在调整时，数值为负值时会将图片边缘变暗，数值为正值时会将图片周围变亮。

提示

在 Photoshop 的 cc 版本中还可以通过“Camera Raw 滤镜”命令去掉图片晕影，如图 2-46 所示。

图 2-46　Camera Raw 滤镜

3. 设置完毕单击“确定”按钮，完成镜头校正调整，效果如图 2-47 所示。

图 2-47　最终效果

2.6.3　修正曝光不足的照片

在拍照时经常会由于曝光不足而导致画面发灰或发黑，从而影响照片的质量，要想将照片以最佳的状态进行储存，一是在拍照时调整好光圈、角度和位置，二是使用 Photoshop 对其进行修改，以得到最佳效果，具体操作如下。

操作步骤

1. 启动 Photoshop，打开一张曝光不足的男士围巾商品照片，由于曝光不足，照片看起来没有层次感，让人感觉照片蒙上了一层灰，如图 2-48 所示。

2. 下面就对其进行修正，还原照片的本来面目。执行菜单中 “图片/调整/色阶” 命令，打开 “色阶” 对话框，如图 2-49 所示。

图 2-48　素材

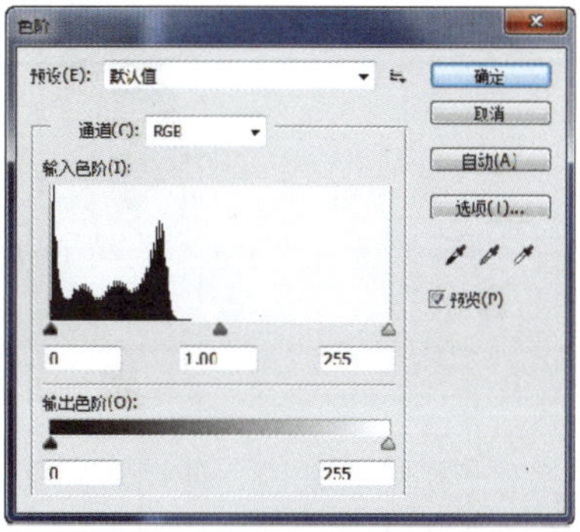

图 2-49　“色阶” 对话框

3. 在 “色阶” 对话框中，向右拖动 “阴影” 控制滑块，向左拖动 “高光” 控制滑块，向左拖动 “中间调” 控制滑块，如图 2-50 所示。

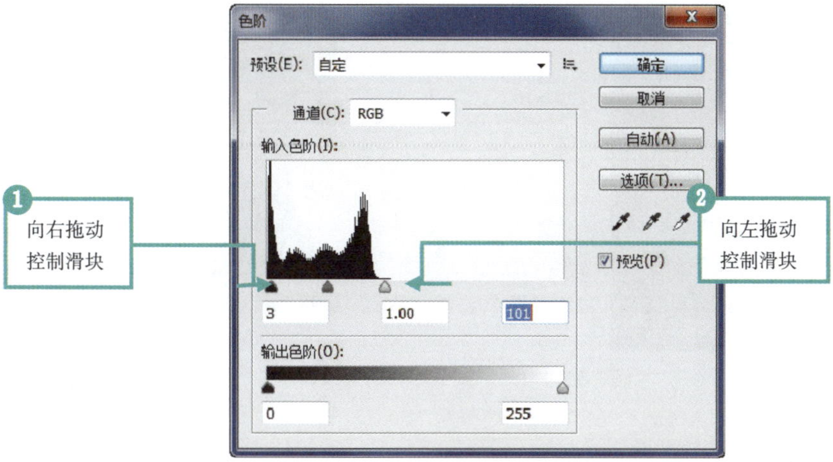

图 2-50　调整色阶

提示

在 “色阶” 对话框中，直接拖动控制滑块可以对图片进行色阶调整，在文本框中直接输入数值同样可以对图片的色阶进行调整。

4. 调整完毕后单击 “确定” 按钮，得到最终效果，如图 2-51 所示。

图 2-51　最终效果

举一反三：对于初学者来说，使用对话框有可能不太习惯，大家可以直接通过命令调整曝光不足产生的图片发暗效果，只要执行菜单中 “图片/自动色调”命令就可以快速调整曝光不足，如图 2-52 所示。

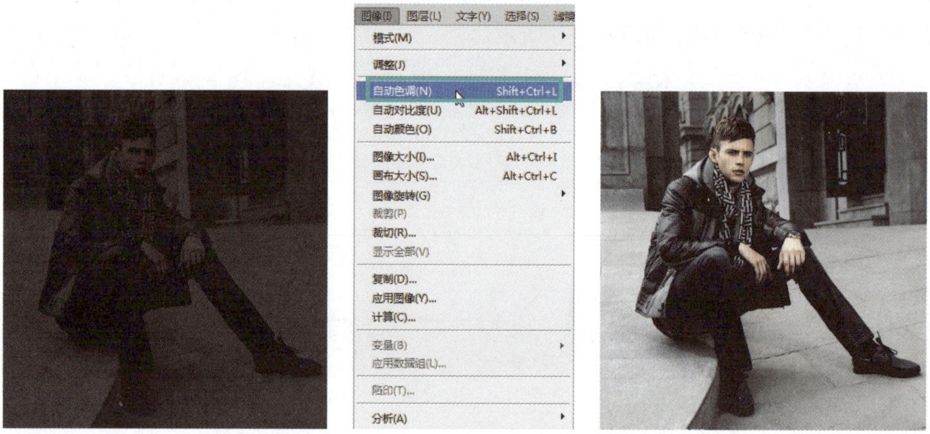

图 2-52　自动色调命令后的效果

2.6.4　消除照片中的瑕疵

商品在搬运或存放的过程很容易受到外界的干扰，从而沾上油污或墨渍，在拍照时污点同样会出现在照片中，这样直接上传到网店中会影响商品在购买者心目中的形象，下面我们就教大家消除污渍的方法，具体操作如下。

操作步骤

1. 启动 Photoshop，打开一张商品中存在污渍的照片，如图 2-53 所示。

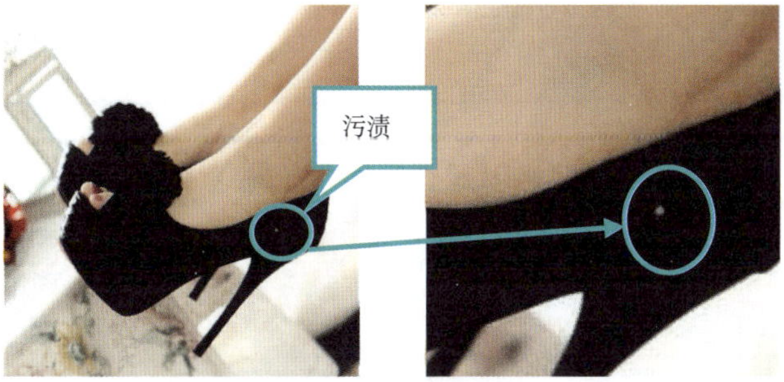

图 2-53　素材

2. 先执行菜单中“图片/自动色调”命令，调整一下图片层次。再使用（修复画笔工具）按住 Alt 键在与污渍底部纹理相似的部位进行取样，如图 2-54 所示。

图 2-54　取样

提示

使用（修复画笔工具）修复图片时，取样是至关重要的环节，如果随意进行取样，那么修复的部位会与原图不匹配。

3. 取样完毕后，将鼠标移到污渍上按下鼠标进行涂抹，效果如图 2-55 所示。

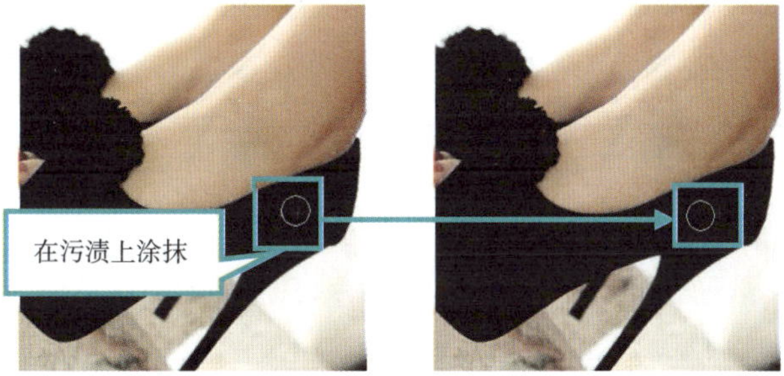

图 2-55　涂抹

4. 在整个污渍上涂抹完毕后松开鼠标，系统会自动将污渍修复，效果如图 2-56 所示。

图 2-56　最终效果

提示　上面学习过的三种工具，我们只要巧妙地运用，就能轻松地对模特面部瑕疵进行修复，比如脸上的斑点或黑痣等，如图 2-57 所示。

图 2-57　修复

2.6.5　替换背景

在两个网店中有同样一件商品，一个是将商品照片直接上传到网店中供浏览者挑选购买，而另一个是通过抠图的方法将图片背景替换成与之相对应的绚丽背景，对于浏览者来说，当然是能够吸自己眼球的网店商品更能激起购买欲。为自己的商品替换一个好的背景是网店经营者必不可少的一个销售模式，如图 2-58 所示的图片为更换背景前后的对比。

图 2-58　网店中的替换背景的商品

2.6.6　改变商品色调吸引买家

现在的商品琳琅满目，五颜六色，但是在拍摄商品时，可能会由于商品不全而造成有些颜色的商品没有被拍照，等这些商品到货后，再拍会浪费很多时间，这时我们只要使用 Photoshop 就可以轻松将一种颜色变为多种颜色，如图 2-59 所示。

图 2-59　网店中的改变商品的色调

2.6.7 改变商品清晰度吸引买家

使用相机进行网拍时，受外界环境的影响，常常会使照片有一种朦胧、模糊的感觉，或者拍摄照片时由于技术原因，很多照片都会变得有些模糊，此时只要使用 Photoshop 进行锐化处理便可以将照片变得清晰一些。我们可以使用△（锐化工具）在图片上直接涂抹或执行“USM 锐化”命令，来将照片变得更加清晰，如图 2-60 所示。

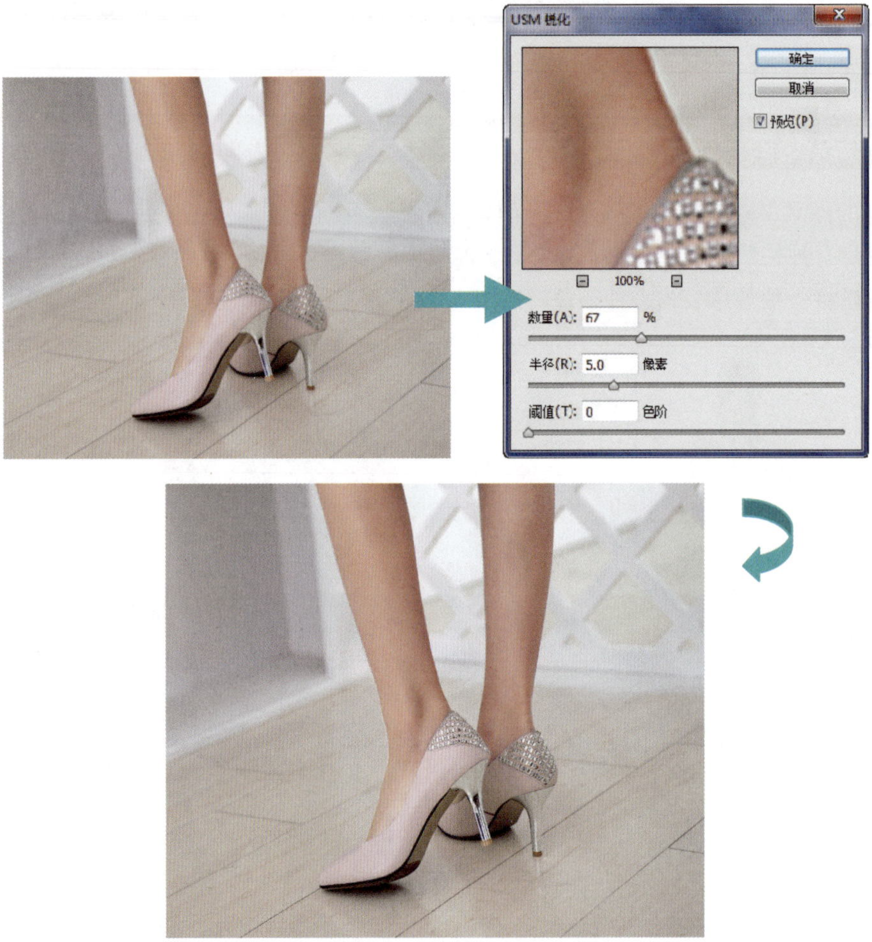

图 2-60　通过“USM 锐化”命令调整商品的清晰度

第3章

吸引买家的色彩

本章指导

- 认识网店色彩
- 色彩原理
- 色彩理论
- 色彩颜色管理
- 网页安全色
- 网店配色
- 色彩与网店页面
- 网店页面色彩分类

当淘宝买家第一次进入自己喜欢的商品店铺时，能够左右其第一印象的重要因素就是网店的页面色彩，一个网店拥有合适的颜色搭配，比其他任何设计要素都重要，因为色彩是主导买家视觉的第一因素，它不但可以产生很好的视觉效果，而且可以给买家留下深刻的印象，所以装修店铺时在色彩的使用上需要深思熟虑。但是，并不是每个人都能够通过天生的色彩感在脑海中设计出比较好的色彩匹配，而是需要通过孜孜不倦的学习和脚踏实地的训练，才能够提高后天的色彩感。本章就为大家介绍色彩与网店配色的基本知识，以及网店中商品色调的调整。合理的配色使店铺更能吸引买家的目光，从而为促成最终的交易起到至关重要的作用，如图 3-1 所示的为统一色调的化妆品店铺，红红火火是店铺的主题。

图 3-1　配色后的店铺

3.1　认识网店色彩

打开浏览器，在地址栏中输入经常光顾的店铺地址，或在淘宝中直接进行搜索，在网页显示出来之前我们就会在“印象储存”中看到网店页面的色彩了，因为页面中刺激记忆最初、最持久的元素就是色彩搭配了。失去了色彩，人们就会失去娱乐的气氛、快乐的心情，色彩是人们生活多姿多彩的表现，是互联网生机的来源。

淘宝网页中的店铺装修是一种特殊的视觉设计，它对色彩的依赖性很高，一个店铺如果想吸引买家的话，好的色彩搭配是必不可少的，如果缺少了色彩会使整个店铺变得死气沉沉没有生机。色彩设计还是店铺风格设计的决定性因素之一，如图 3-2 所示，通过色彩的搭配能够将网店中的手表凸显得更加高贵，网店中色彩虽然较少，但浏览者观看后不仅对此页面印象深刻，而且还会回味无穷。反之，如果页面中的颜色搭配不够合理，会使访问者产生厌烦的感觉。

图 3-2　色彩

3.2　色彩原理

了解了如何创建颜色以及如何将颜色相互关联可以让你在 Photoshop 中更有效地工作。只有对基本颜色理论了解，才能将作品加工成预定的效果，而不是偶然获得某种效果。在对颜色进行搭配的过程中，大家可以依据加色原色（RGB）、减色原色（CMYK）和色轮来完成最终效果。

加色原色是指三种色光（红色、绿色和蓝色），当按照不同的组合将这三种色光添加在一起时，可以生成可见色谱中的所有颜色。添加等量的红色、蓝色和绿色光可以生成白色。完全缺少红色、蓝色和绿色光将生成黑色。计算机的显示器是使用加色原色来创建颜色的设备，如图 3-3 所示。

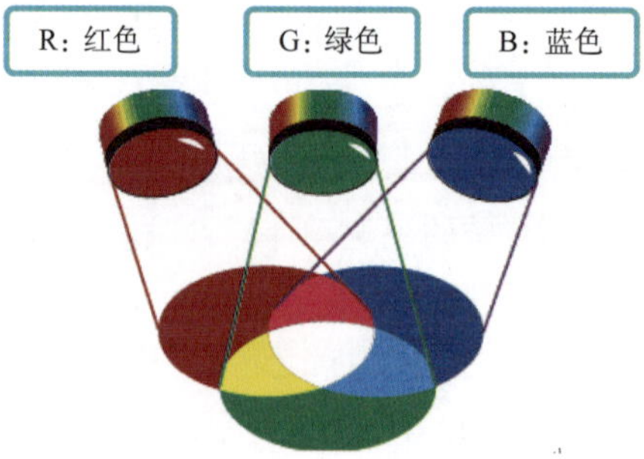

图 3-3　加色原色（RGB 颜色）

减色原色是指青色、洋红色、黄色和黑色，当按照不同的组合将这些颜料添加在一起时，可以创建一个色谱。与显示器不同，打印机使用减色原色，并通过减色混合来生成颜色。使用“减色”这个术语是因为这些原色都是纯色，将它们混合在一起后生成的颜色都是原色的不纯版本。例如，橙色是通过将洋红色和黄色进行减色混合创建的，如图 3-4 所示。

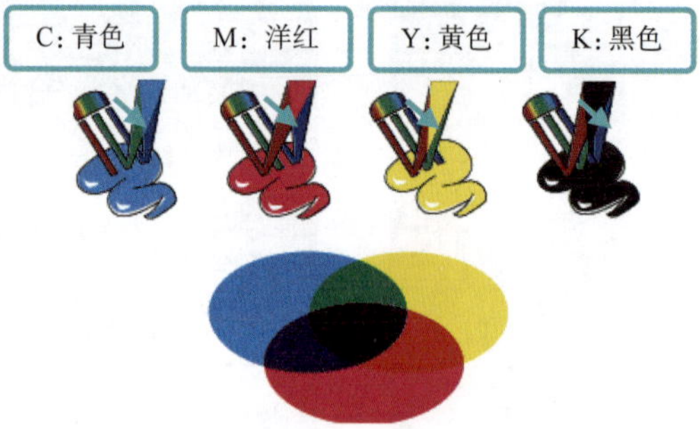

图 3-4　减色原色（CMYK 颜色）

如果你是第一次调整颜色分量，在处理色彩平衡时手头有一个标准色轮图表会很有帮助。可以使用色轮来预测一个颜色分量的更改如何影响其他颜色，并了解这些更改如何在 RGB 和 CMYK 颜色模型之间转换。

例如，通过增加色轮中相反颜色的数量，可以减少图片中某一颜色的数量，反之亦然。在标准色轮上，处于相对位置的颜色被称作补色。同样，通过调整色轮中两种相邻的颜色，甚至将两种相邻的色彩调整为其相反的颜色，可以增加或减少一种颜色。

在 CMYK 图片中，可以通过减少洋红色比例或增加其互补色的比例来减淡洋红色，洋红色的互补色为绿色（在色轮上位于洋红色的相对位置）。在 RGB 图片中，可以通过删除红色和蓝色或通过添加绿色来减少洋红色。所有这些调整都会得到一个包含较少洋红色的整体色彩平衡状态，如图 3-5 所示。

2. 色相

色相指的是色彩的“相貌”。在可见光谱中，人的视觉能感受到红、橙、黄、绿、蓝、紫这些不同特征的色彩，人们给这些可以相互区别的颜色定出名称，当我们称呼其中某一种色彩的名称时，就会有一个特定的色彩印象，这就是色相的概念。正是由于色彩具有这种特征，我们才能感受到一个五彩缤纷的世界。

如果明度是色彩内部的骨骼，色相就很像色彩的华美肌肤。色相体现着色彩外向的性格，是色彩的灵魂。

在可见光谱中，红、橙、黄、绿、青、蓝、紫等每一种色彩都有自己的波长，它们从长到短按顺序排列，就像音乐中的音阶顺序，有序而和谐，大自然偶尔会将光谱的秘密显示给我们，那就是雨后的彩虹。

基本色相为：红、橙、黄、绿、蓝、紫，在相邻两色中间加插一两种中间色，得到新的色相系列，按光谱顺序为：红、红橙、橙、黄橙、黄、黄绿、绿、蓝绿、蓝、蓝紫、紫、红紫，这就是十二基本色相，如图 3-18 所示。

这十二色相的变化，给人的感觉是均匀的。如果进一步找出其中间色，便可以得到二十四种色相，如图 3-19 所示。

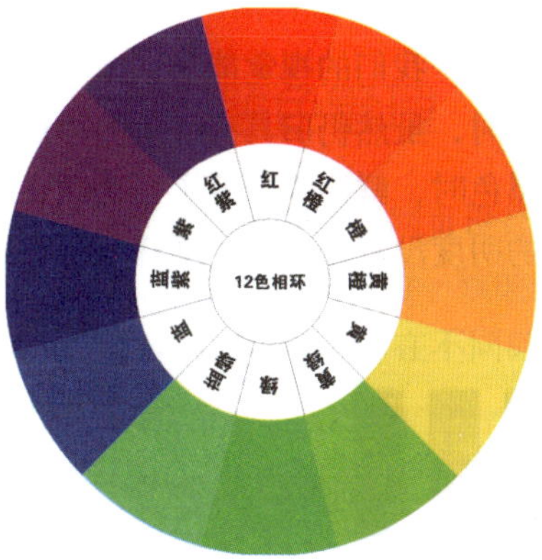

图 3-18　十二色相环

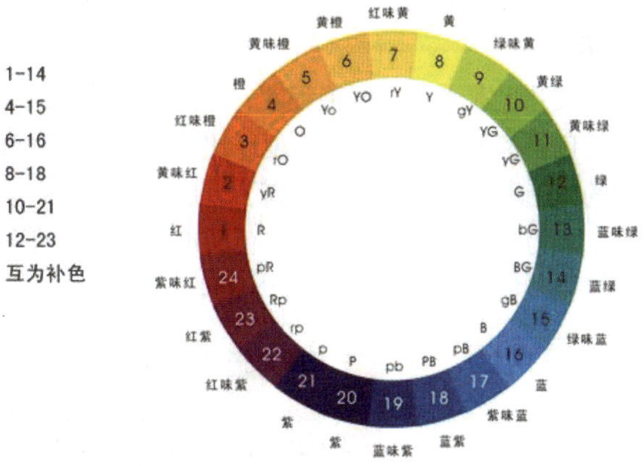

图 3-19　二十四色相环

在网店装修中色相的应用主要体现在使用不同颜色制作出的冷暖色调效果页面中，如图 3-20 所示的店面分别为冷暖色调。

3.4.1　识别色域范围外的颜色

大多数扫描的照片在 CMYK 色域里都包含 RGB 颜色，将图片转换为 CMYK 模式会稍微改变这些颜色。数字化图片经常包含 CMYK 颜色色域以外的 RGB 颜色。

提示

> 色域范围以外的颜色用颜色面板、拾色器和信息面板里颜色样本边的惊叹号来标志，如图 3-23 所示。

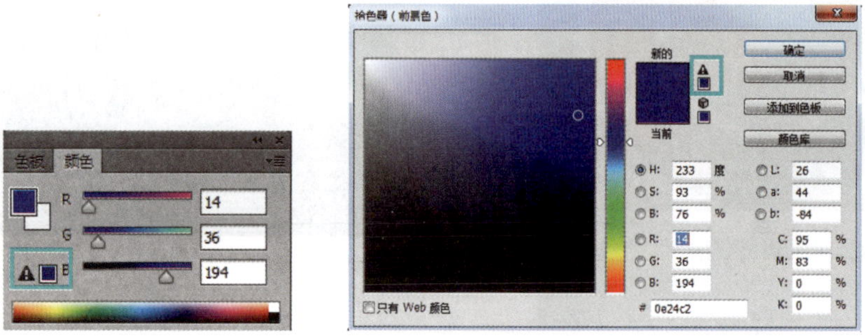

图 3-23　加色原色（RGB 颜色）

如何查看当前图片是否存在色域范围外的颜色，我们可以通过 Photoshop 来完成，色域外的颜色指的是打印时超出可打印范围的颜色，识别方法如下。

操作步骤

1. 启动 Photoshop，打开一张图片。

2. 执行菜单中“视图/色域警告”命令，Photoshop CC 将创建一个颜色转换表并用中性灰色显示色域以外的颜色，如图 3-24 所示。

图 3-24　色域警告

3. 为了将颜色放到 CMYK 色域中，只要在菜单中执行“图像/模式/CMYK 模式”命令，此时色域警告的颜色会消失，效果如图 3-25 所示。

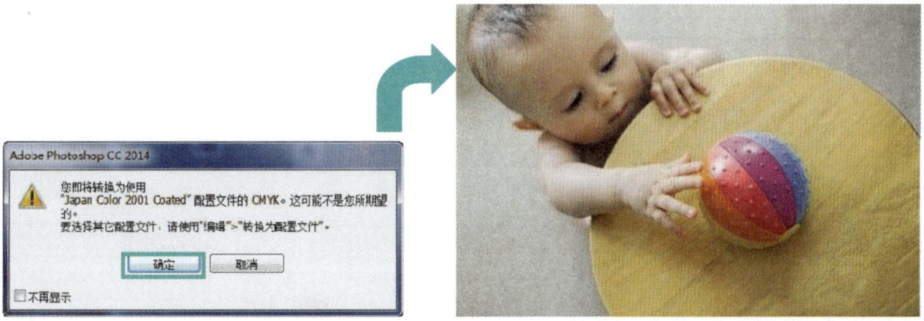

图 3-25　转换为 CMYK 模式

3.4.2　色彩模式

色彩模式决定显示和打印电子图片的色彩模式（简单地说色彩模式是用于表现颜色的一种数学算法），即一幅电子图片用什么样的方式在计算机中显示或打印输出。常见的色彩模式包括位图模式、灰度模式、双色调模式、HSB（表示色相、饱和度、亮度）模式、RGB（表示红、绿、蓝）模式、CMYK（表示青、洋红、黄、黑）模式、Lab 模式、索引色模式、多通道模式以及 8 位/16 位模式，每种模式的图片描述、重现色彩的原理及所能显示的颜色数量是不同的。色彩模式除能确定图片中能显示的颜色数之外，还影响图片的通道数和文件大小。这里提到的通道也是 Photoshop 中的一个重要概念，每个 Photoshop 图片具有一个或多个通道，每个通道都存放着图片中颜色元素的信息。图片中默认的颜色通道数取决于其色彩模式。例如，CMYK 图片至少有四个通道，分辨代表青、洋红、黄和黑色信息，如图 3-26 所示。

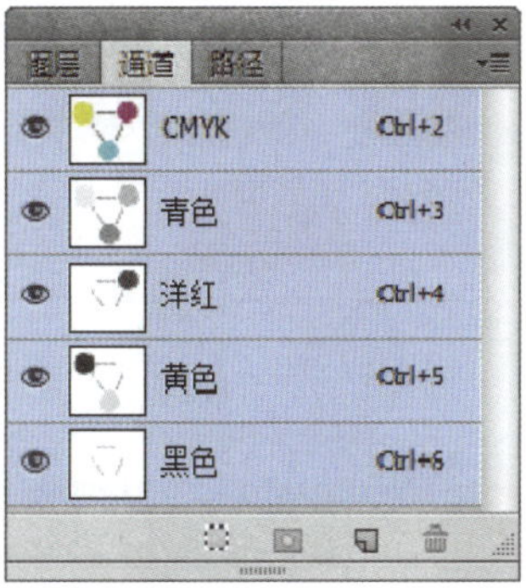

图 3-26　通道

灰度模式

灰度模式只存在灰度，它由 256 个灰阶组成。当一个彩色图片转换为灰度模式时，图片中的色相及饱和度等有关色彩信息将被消除掉，只留下亮度。亮度是唯一能影响灰度图片的因素。当灰度值为 0（最小值）时，生成的颜色是黑色；当灰度值为 255（最大值）时，生成的颜色是白色。图 3-27 中左侧图片为彩色图片，右侧图片为灰度模式黑白图片。

图 3-27　彩色图片与灰度模式

RGB 颜色模式

在 Photoshop 中 RGB 颜色模式使用 RGB 模式，并为每个像素分配一个强度值。在 8 位通道的图片中，彩色图片中的每个 RGB（红色、绿色、蓝色）分量的强度值为 0（黑色）到 255（白色）。例如，亮绿色的 R 值可能为 10，G 值为 250，而 B 值为 20。当所有这 3 个分量的值相等时，结果是中性灰度级。当所有分量的值均为 255 时，结果是纯白色；当这些值都为 0 时，结果是纯黑色。RGB 颜色模式是 Photoshop 最常用的一种模式，在 RGB 颜色模式中三种颜色叠加时会自动映射出纯白色，如图 3-28 所示。

图 3-28　RGB 颜色模式显示两种以上叠加时的效果

CMYK 颜色模式

CMYK 代表印刷上用的四种颜色，C 代表青色（Cyan），M 代表洋红色（Magenta），Y 代表黄色（Yellow），K 代表黑色（Black）。因为在实际应用中，青色、洋红色和黄色很难叠加形成真正的黑色，最多不过是褐色。因此才引入了黑色。黑色的作用是强化暗调，加深暗部色彩，如图 3-29 所示。

图 3-29

在 CMYK 模式下，可以为每个像素的每种印刷油墨指定一个百分比值。为最亮（高光）颜色指定的印刷油墨颜色百分比较低，而为较暗（阴影）颜色指定的百分比较高。例如，亮红色可能包含 2% 青色、93% 洋红、90% 黄色和 0% 黑色。在 CMYK 模式中，当四种分量的值均为 0% 时，就会产生纯白色。

提示

> 尽管 CMYK 是标准颜色模式，但是其准确的颜色范围随印刷和打印条件而变化。Photoshop 中的 CMYK 颜色模式会根据“颜色设置”对话框中指定的工作空间的设置而不同。

提示

> 当我们想把网店装修的效果打印出来时，一定要把 RGB 模式转换为 CMYK 模式后再进行打印。

Lab 颜色模式

CIE L*a*b* 颜色模式（Lab）基于人对颜色的感觉，Lab 模式用数值描述正常视力的人能够看到的所有颜色。因为 Lab 描述的是颜色的显示方式，而不是设备（如显示器、桌面打印机或数码相机）生成颜色所需的特定色料的数量，所以 Lab 被视为与设备无关的颜色模式。颜色色彩管理系统使用 Lab 作为色标，以将颜色从一个色彩空间转换到另一个色彩空间。

Lab 颜色模式的亮度分量（L）范围是 0 到 100。在 Adobe 拾色器和“颜色”调板中，a 分量（绿色-红色轴）和 b 分量（蓝色-黄色轴）的范围是+127 到-128，如图 3-30 所示。

图 3-30

提示

> Lab 色彩空间涵盖了 RGB 和 CMYK 颜色。

索引颜色模式

索引颜色模式可生成最多 256 种颜色的 8 位图片文件。当转换为索引颜色时，Photoshop 将构建一个颜色查找表（CLUT），用以存放并索引图片中的颜色。如果原图片中的某种颜色没有出现在该表中，则程序将选取最接近的一种，或使用仿色以现有颜色来模拟该颜色。

尽管其调色板很有限，但索引颜色能够在保持多媒体演示文稿、Web 页等所需的视觉品质的同时，减小文件大小。在这种模式下只能进行有限的编辑，要进一步进行编辑，应临时转换为 RGB 模式。索引颜色文件可以存储为 Photoshop、BMP、DICOM、GIF、Photoshop EPS、大型文档格式（PSB）、PCX、Photoshop PDF、Photoshop Raw、Photoshop 3.0、PICT、PNG、Targa 或 TIFF 格式。

在将一张 RGB 颜色模式的图片转换成索引颜色模式时，会弹出如图 3-31 所示的“索引颜色”对话框。

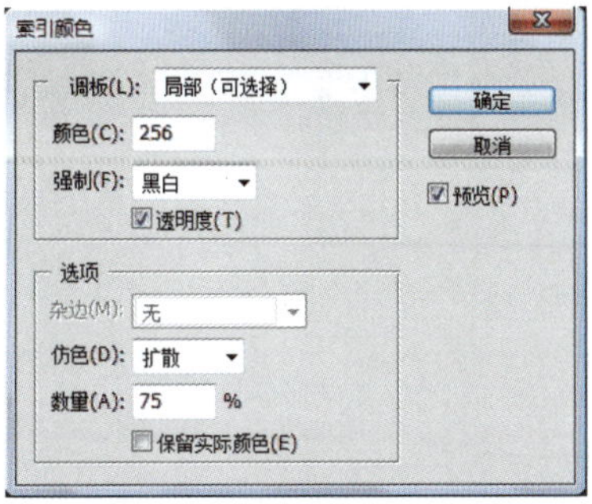

图 3-31　“索引颜色”对话框

其中的各项含义如下：

- 调板：用来选择转换为索引模式时用到的调板。
  - 颜色：用来设置索引颜色的数量。
  - 强制：在下拉列表中可以选择某种颜色并将其强制放置到颜色表中。
- 选项：用来控制转换索引模式的选项。
  - 杂边：用来设置填充与图片的透明区域相邻的消除锯齿边缘的背景色。
  - 仿色：用来设置仿色的类型。包括：无、扩散、图案、杂色。
  - 数量：用来设置扩散的数量。
  - 保留实际颜色：勾选此复选框后，转换成索引模式后的图片将保留图片的实际颜色。

提示

> 灰度模式与双色调模式可以直接转换成索引模式；RGB 模式转换成索引模式时会弹出“索引颜色”对话框，设置相应参数后才能转换成索引模式，转换为索引模式后，图片会丢失一部分颜色信息，再转换为 RGB 模式时，丢失信息不会复原。

索引色模式的图片是 256 色以下的图片，在增幅图片中最多只有 256 种颜色，所以索引色模式的图片只可当作特殊效果及专用，而不能用于常规的印刷中。索引色彩也称为映射色彩，索引色模式的图片只能通过间接方式创建，而不能直接获得。

3.4.3　色彩模式转换

在 Photoshop 中不同的模式有自己所特有的图片颜色效果，应用不同的颜色模式时所对应的颜色通道也是不同的，如图 3-32 所示。

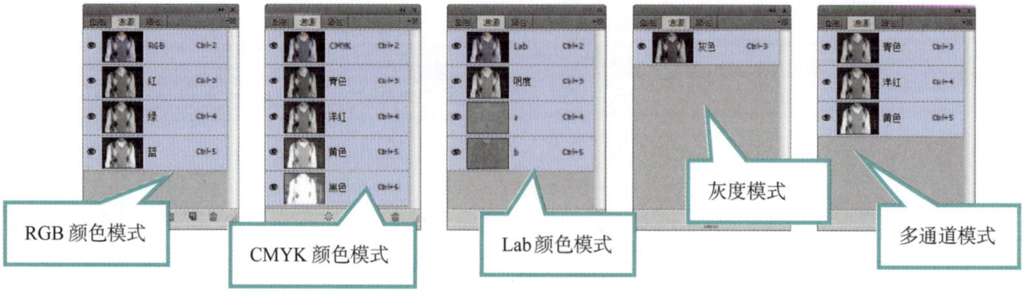

图 3-32　不同模式的颜色通道

“双色调模式”与“位图模式”只有“灰度模式”才能转换。图片转换成“灰度模式”后会自动将颜色去掉，把图片变为黑白效果，再转换为“双色调模式”或“位图模式”，来将灰度图片调整为双色效果。

在转换模式时有时会丢失很多的图片颜色细节，例如将彩色图片转换为索引颜色时会删除图片中的很多颜色信息，因此建议大家转换的同时最好保留一个副本。

3.4.4　调整颜色建议

在为商品拍摄照片时，会涉及人物、场景等。对于拍摄的照片，需要进一步调整，此时就要了解一些为拍摄后的照片调整色彩的相关知识，具体可参考下表。

人物	发丝应当尽可能清晰，牙齿应当洁白，纯白会使图片失真，发黄或发灰看起来会觉得不舒服。
织物	黑色或白色不要过于鲜亮，否则会失真。黄色的百分比太高会使白色显得灰暗，青色值太低会使红色发生振荡，黄色值太低会使蓝色发生振荡。
户外景色	检查图片中的灰色物体，确保为灰色，没有偏色。对于天空色彩调整，洋红和青色的关系决定天空的明暗，洋红增多时天空会由亮蓝变为墨蓝。
雪景	雪不应为纯白色，否则会丢失细节。应集中精力在高光区域添加细节。
夜景	黑色区域不应为纯黑色，否则会丢失细节。应集中精力在阴影区域添加细节。

3.5　网页安全色

网页安全色是当红色、绿色、蓝色颜色值为 0、51、102、153、204、255 时构成的颜色组合，它一共有 6×6×6 = 216 种颜色（其中彩色为 210 种，非彩色为 6 种），如图 3-33 所示。

216 网页安全色是指在不同硬件环境、不同操作系统、不同浏览器中都能够正常显示的颜色集合（调色板），也就是说这些颜色在任何终端浏览用户显示设备上的现实效果都是相同的。所以使用 216 网页安全色进行网页配色可以避免原有的颜色失真问题。

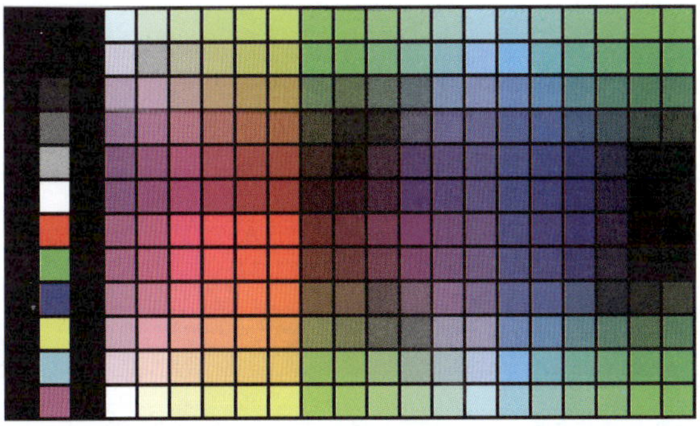

图 3-33　颜色表

详细的网页安全色如图 3-34 所示。

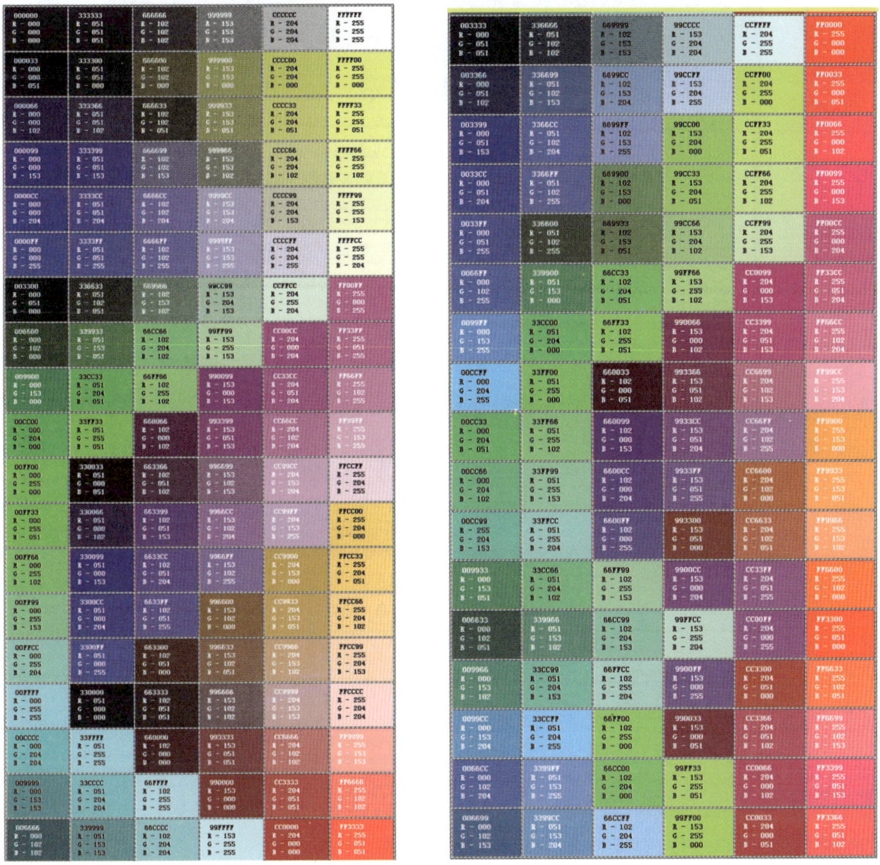

图 3-34　详细的网页安全色

3.6 网店配色

在网店页面设计中，色彩搭配是树立网店形象的关键，店面色彩处理得好可以使页面锦上添花，同时达到事半功倍的效果。色彩搭配一定要合理，要与自己的商品相符合，这样会给人一种和谐、愉快的感觉，在搭配时一定要避免容易使人产生视觉疲劳的纯度过高的单一色彩。

3.6.1 自定义页面的主色与辅助色

定义一个店面的主色与辅助色是当前页面传达给购买者的第一视觉，所以一定要将颜色与商品相呼应。在店面中能够定义为主色的是整体的色调，也就是占面积最大的色系，其次是辅助色和点缀色，在页面中起到陪衬、点缀的作用，如图 3-35 所示。

主色	辅助色	文字颜色
黑色	粉色	白色

图 3-35 自定义颜色

网店中文字与主色调搭配得合理，会直接提升页面整体的视觉效果，下面就对网店主色与文字色彩的搭配进行详细地讲解，具体可以参考下表。

颜色图标	颜色十六进制值	文字颜色搭配
	# F1FAFA	适合做正文的背景色，比较淡雅。配以同色系的蓝色、深灰色或黑色文字都很好。
	# E8FFE8	适合做标题的背景色，搭配同色系的深绿色标题或黑色文字。
	# E8E8FF	适合做正文的背景色，文字颜色配黑色比较和谐、醒目。
	# 8080C0	配黄色或白色文字较好。
	# E8D098	配浅蓝色或蓝色文字较好。
	# EFEFDA	配浅蓝色或红色文字较好。
	# F2F1D7	配黑色文字素雅，如果是红色则显得醒目。
	# 336699	配白色文字好看些。
	# 6699CC	配白色文字好看些，可以做标题。
	# 66CCCC	配白色文字好看些，可以做标题。
	# B45B3E	配白色文字好看些，可以做标题。
	# 479AC7	配白色文字好看些，可以做标题。
	# 00B271	配白色文字好看些，可以做标题。
	# FBFBEA	配黑色文字比较好看，一般作为正文。
	# D5F3F4	配黑色文字比较好看，一般作为正文。
	# D7FFF0	配黑色文字比较好看，一般作为正文。
	# F0DAD2	配黑色文字比较好看，一般作为正文。
	# DDF3FF	配黑色文字比较好看，一般作为正文。

通过上面的颜色配比表，可以大大减少制作者网页配色的时间，在当前的基础上还可以发挥想象力，搭配出更有新意、更醒目的颜色，使自己的店面更具有竞争力。

3.6.2　网店色调与配色

色彩与人的心理感觉和情绪有一定的关系，利用这一点可以在设计时形成自己独特的色彩效果，从而给浏览的买家留下深刻印象，加大商品的售出机率。不同的色系在网店中也会拥有自己的独特之处，在网店色调分类时主要有按照色相分类和按照印象分类两种。

1．按照色相分类

常见的色彩搭配可按照色相的顺序归类。每类都以该色相为主，配以其他色相或者同色相的其他颜色，应用对比和调和的方法，并按照从轻快到浓烈的顺序排序。

（1）红色

红色的色感温暖，“性格”刚烈而外向，是一种对人刺激性很强的颜色。红色容易引起人的注意，也容易使人兴奋、激动、紧张、冲动，是一种容易造成视觉疲劳的颜色。

在网页颜色的应用中，根据网页主题内容的需求，纯粹使用红色为主色调的网站相对较少，红色多用于辅助色、点睛色，以达到陪衬、醒目的效果。

在众多颜色里，红色是最鲜明生动、最热烈的颜色，因此红色也是代表热情的情感之色。鲜明的红色极容易吸引人们的目光。常见的红色配色方案如图 3-36 所示。

图 3-36　红色搭配

> **提示**
>
> 红色可以和蓝色（带红的蓝）混合成紫色，可以和黄色混合成橙色，红色和绿色是对比色，红色的补色是青色。红色是三原色之一，它能和绿色、蓝色，调出任意色彩。

应用红色系的网店多数以婚庆商品为主，它还会出现在女装、美容化妆品或店庆页面中，主要目的是醒目，提醒大家注意，从而吸引买家目光来产生交易，通过配色产生的粉色页面会给人一种温馨的感觉，如图 3-37 所示的店面分别为粉红色的女鞋网店和温馨的女包网店。

图 3-37　红色系网店

（2）橙色

橙色是轻快、欢欣、温馨、时尚的色彩。橙色，又称橘色，为二次颜料色，是红色与黄色的混合，得名于橙子的颜色。在光谱学上，橙色介于红色和黄色之间。

橙色在空气中的穿透力仅次于红色，而色感比红色更暖，鲜明的橙色应该是色彩中最暖的色，能给人庄严、尊贵、神秘等感觉。历史上许多权贵和宗教界人士都用以装点自己，现代社会中往往将其作为标志色和宣传色，不过它也是容易造成视觉疲劳的颜色。橙色明视度高，在工业安全用色中，橙色即是警戒色，用于火车头、登山服装、背包、救生衣等。橙色一般可作为喜庆的颜色，同时也可作富贵色，如皇宫里的许多装饰。橙色也可作餐厅的布置色，据说在餐厅里多用橙色可以增加食欲。常见的橙色配色方案如图 3-38 所示。

橙色主要应用于与食物有关的店面中，由于橙色也是积极、活泼的色彩，除了食物类店铺，还会经常在家具用品、时尚品牌、运动以及儿童玩具等网店中出现，如图 3-39 所示。

图 3-38 橙色搭配

提示

橙色在 HSB 数值中的 H 为 30 度。橙色是一种非常引人注目的颜色。橙色的对比色是蓝色，这两种颜色彩度倾向越明确，对比强度就越大。但我们也看到，除了正宗的对比色蓝色外，橙色和绿色随着纯度的升高，达到的对比效果也越强烈。

图 3-39 橙色系网店

（3）黄色

黄色是阳光的色彩，具有活泼与轻快的特点，给人十分年轻的感觉，象征光明、希望、高贵、愉快。浅黄色表示柔弱，灰黄色表示病态。它的亮度最高，和其他颜色配合很活泼，有温暖感，具有快乐、希望、智慧和轻快的个性，有希望与功名等象征意义。黄色也代表着土地，象征着权力，并且还具有神秘的宗教色彩。常见的黄色配色方案如图 3-40 所示。

图 3-40　黄色搭配

提示

> 黄色能和众多的颜色相配，但是要注意和白色的搭配，因为白色是吞没黄色的色彩，它会使你看不清楚。另外，深黄色最好不要与深紫色、深蓝色、深红色相配，否则会使人感觉晦涩与失望。淡黄色也不要与明度相当的色彩搭配，要拉开明度上的层次关系。黄色与红色搭配可以营造一种吉祥喜悦的气氛。黄色与绿色搭配，会显得有朝气活力。黄色与蓝色相配，可以显得美丽清新。淡黄色与深黄色相配，可以衬托出高雅的气质。

黄色与某些食品色彩相似，可以应用于食品类的店铺。另外黄色的明度较高，是活泼欢快的色彩，有智慧、欢乐的个性。黄色是前进色，有扩张的感觉，又代表权利和财富，是一种骄傲的色彩，因此很多店铺都会使用黄色来体现自己商品的高档与华贵，如图 3-41 所示的图片是黄色与绿色等邻近色搭配的食品网店，视觉上处理得井然有序，整个网页看起来非常诱人，使人胃口大开。

（5）蓝色

蓝色是色彩中比较沉静的颜色，象征着永恒与深邃、高远与博大、壮阔与浩渺，是令人心境畅快的颜色。

蓝色的朴实、稳重、内向性格，衬托那些性格活跃、具有较强扩张力的色彩，运用对比手法，可以活跃页面。另一方面，蓝色又有消极、冷淡、保守等意味。蓝色与红、黄等色运用得当，能构成和谐的对比调和关系。

蓝色是冷色调最典型的代表色，是网店页面中运用得最多的颜色，也是许多人钟爱的颜色。常见的蓝色配色方案如图 3-44 所示。

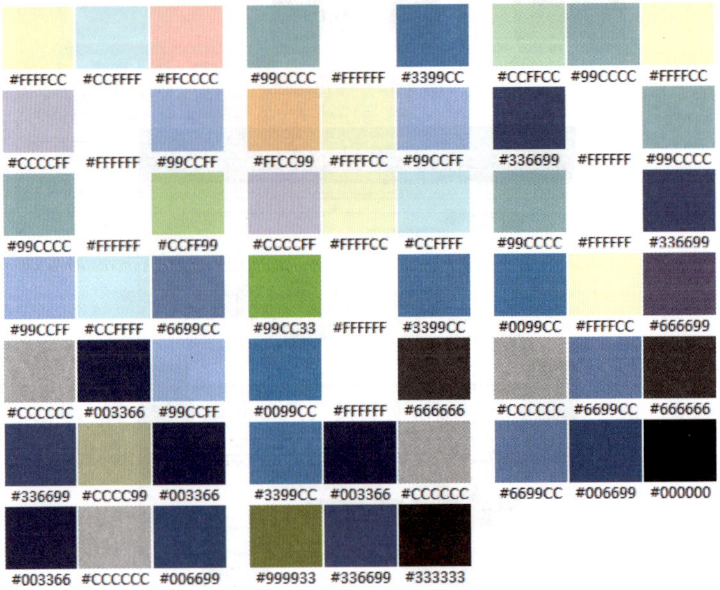

图 3-44　蓝色搭配

提示

在蓝色中添加少量的红、黄、橙、白等色，均不会对蓝色的性格构成较明显的影响。如果在蓝色中黄色的成分较多，其性格就会趋于甜美、亮丽、芳香。在蓝色中混入少量的白色，可使蓝色的知觉趋于焦躁、无力。

蓝色表达着深远、永恒、沉静、无限、理智、诚实、寒冷。蓝色会给人很强烈的安稳感，同时蓝色还能够表现出和平、淡雅、洁净、可靠等。蓝色多用于科技商品、家电商品、化妆品或者旅游类型网店，如图 3-45 所示的图片就是蓝色系网店。

（5）蓝色

蓝色是色彩中比较沉静的颜色，象征着永恒与深邃、高远与博大、壮阔与浩渺，是令人心境畅快的颜色。

蓝色的朴实、稳重、内向性格，衬托那些性格活跃、具有较强扩张力的色彩，运用对比手法，可以活跃页面。另一方面，蓝色又有消极、冷淡、保守等意味。蓝色与红、黄等色运用得当，能构成和谐的对比调和关系。

蓝色是冷色调最典型的代表色，是网店页面中运用得最多的颜色，也是许多人钟爱的颜色。常见的蓝色配色方案如图 3-44 所示。

图 3-44　蓝色搭配

提示

在蓝色中添加少量的红、黄、橙、白等色，均不会对蓝色的性格构成较明显的影响。如果在蓝色中黄色的成分较多，其性格就会趋于甜美、亮丽、芳香。在蓝色中混入少量的白色，可使蓝色的知觉趋于焦躁、无力。

蓝色表达着深远、永恒、沉静、无限、理智、诚实、寒冷。蓝色会给人很强烈的安稳感，同时蓝色还能够表现出和平、淡雅、洁净、可靠等。蓝色多用于科技商品、家电商品、化妆品或者旅游类型网店，如图 3-45 所示的图片就是蓝色系网店。

（3）黄色

黄色是阳光的色彩，具有活泼与轻快的特点，给人十分年轻的感觉，象征光明、希望、高贵、愉快。浅黄色表示柔弱，灰黄色表示病态。它的亮度最高，和其他颜色配合很活泼，有温暖感，具有快乐、希望、智慧和轻快的个性，有希望与功名等象征意义。黄色也代表着土地，象征着权力，并且还具有神秘的宗教色彩。常见的黄色配色方案如图 3-40 所示。

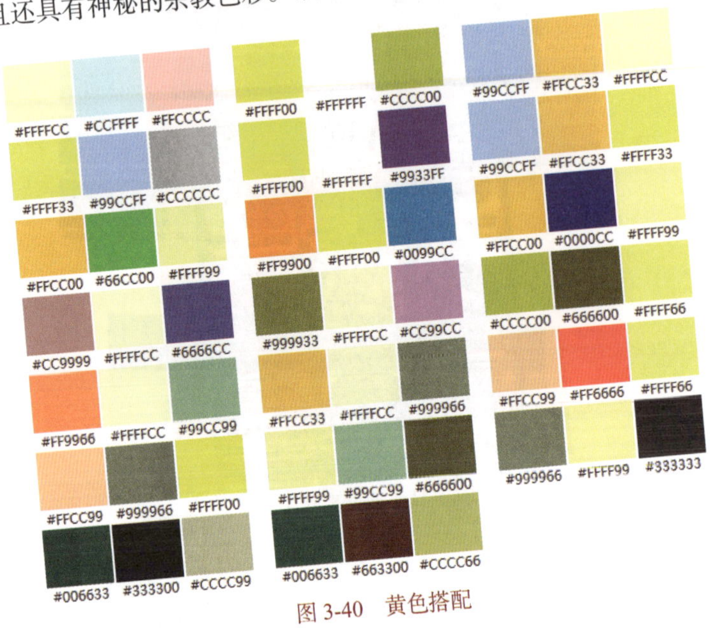

图 3-40　黄色搭配

提示

黄色能和众多的颜色相配，但是要注意和白色的搭配，因为白色是吞没黄色的色彩，它会使你看不清楚。另外，深黄色最好不要与深紫色、深蓝色、深红色相配，否则会使人感觉晦涩与失望。淡黄色也不要与明度相当的色彩搭配，要拉开明度上的层次关系。黄色与红色搭配可以营造一种吉祥喜悦的气氛。黄色与绿色搭配，会显得有朝气活力。黄色与蓝色相配，可以显得美丽清新。淡黄色与深黄色相配，可以衬托出高雅的气质。

黄色与某些食品色彩相似，可以应用于食品类的店铺。另外黄色的明度较高，是活泼欢快的色彩，有智慧、欢乐的个性。黄色是前进色，有扩张的感觉，又代表权利和财富，是一种骄傲的色彩，因此很多店铺都会使用黄色来体现自己商品的高档与华贵，如图 3-41 所示的图片是黄色与绿色等邻近色搭配的食品网店，视觉上处理得井然有序，整个网页看起来非常诱人，使人胃口大开。

图 3-45　蓝色系网店

（6）紫色

紫色可以说是最具优雅气质的颜色，紫色给人成熟与神秘感，是女性的专属色之一。从 T 台秀场到街拍，紫色都出现在了人们的视线中，这些紫色有的优雅、高贵，有的极具街头范儿，大家的精彩搭配，显示出了紫色的百变魔力。然而紫色并不好驾驭，如果搭配不当则会显得过于老气。紫色的明度在色彩中是最低的。紫色的低明度给人一种沉闷、神秘的感觉。常见的紫色配色方案如图 3-46 所示。

提示　在紫色中红色的成份较多时，让人感觉具有压抑感、威胁感。在紫色中加入少量的黑色，其感觉就趋于神秘、难以捉摸、高贵。在紫色中加入白色，可使紫色沉闷的性格消失，变得优雅、娇气，并充满女性的魅力。

图 3-46　紫色搭配

紫色通常用于以女性为对象或以艺术品为主的网店。另外紫色是高贵华丽的色彩，很适合表现珍贵、奢华的商品。如图 3-47 所示的商品分别是女士包和钻戒。

图 3-47　紫色系网店

2．按照印象分类

色彩搭配看似复杂，但并不神秘。既然每种色彩在印象空间中都有自己的位置，那么色彩搭配得到的印象可以用加减法来近似估算。如果每种色彩都是高亮度的，那么它们的叠加，自然会是柔和、明亮的；如果每种色彩都是浓烈的，那么它们叠加后就会是浓烈的。当然在实际设计过程中，设计师还要考虑到乘除法，比如同样亮度和对比度的色彩，在色环上的角度不同，搭配起来就会得到千变万化的色彩。因此色彩除了按色相的搭配外，还可以将印象作为搭配分类的方法。

（1）柔和、明亮、温柔

亮度高的色彩搭配在一起就会有柔和、明亮、温柔的感觉。为了防止刺眼，设计师一般会用低亮度的前景色调和，同时色彩在色环之间的距离也有助于避免沉闷，如图 3-48 所示。此类色彩常用于与女性有关的网店。

图 3-48　柔和、明亮、温柔

（2）柔和、洁净、爽朗

对于柔和、洁净、爽朗的印象，色环中蓝到绿之间的颜色应该是最适合的，并且亮度偏高。可以看到，几乎每个组合都有白色参与。当然在实际设计时，可以用蓝绿相反色相的高亮度有彩色代替白色，如图 3-49 所示。此类色彩常用于与厨卫有关的网店。

（3）可爱、快乐、有趣

可爱、快乐、有趣印象的色彩搭配特点是，色相分布均匀，冷暖搭配，饱和度高，色彩分辨度高，如图 3-50 所示。此类色彩常用于与儿童有关的网店。

（4）活泼、快乐、有趣

活泼、快乐、有趣相对前一种印象，色彩选择更加广泛，最重要的变化是将纯白色用低饱和度有彩色或者灰色取代，如图 3-51 所示。此类色彩常用于与儿童有关的网店。

图 3-49　柔和、洁净、爽朗

图 3-50　可爱、快乐、有趣

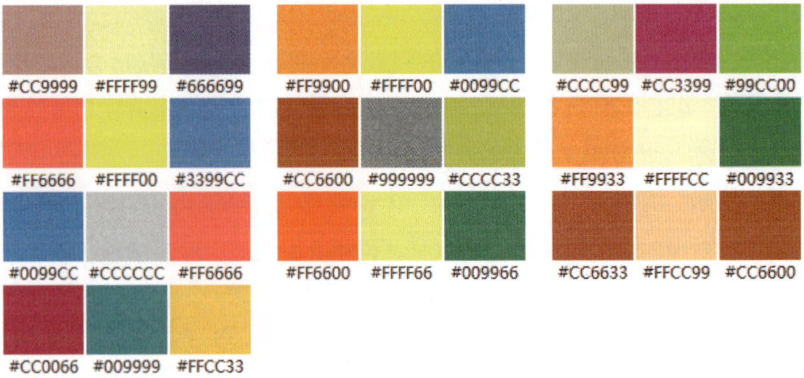

图 3-51　活泼、快乐、有趣

（5）运动型、轻快

运动的色彩要强化激烈、刺激的感受，同时还要体现健康、快乐、阳光，因此饱和度较高、亮度偏低的色彩在这类场景中经常出现，如图 3-52 所示。此类色彩常用于与运动有关的网店。

图 3-52　运动型、轻快

（6）轻快、华丽、动感

华丽的印象要求页面充斥有彩色，并且饱和度偏高，而亮度适当减弱则能强化这种印象，如图 3-53 所示。此类色彩常用于与户外运动有关的网店。

图 3-53　轻快、华丽、动感

（7）狂野、充沛、动感

狂野的印象空间中少不了低亮度的色彩，甚至可以用适当的黑色搭配。其他有彩色的饱和度高，对比强烈，如图 3-54 所示。此类色彩常用于与户外运动有关的网店。

觉，有非常醒目的宣传效果，可应用于运动商品、科技商品、节庆用品等类目网上店铺中，如图 3-73 所示。

图 3-72　邻近色店铺

图 3-73　对比色店铺

（4）互补色及其对比应用。互补色是指色环上距离为 180 度的颜色，属于最强的色相对比。在色环上任意一条直线两端的色彩就是一对补色。最典型的互补色分别是：红色和青色、黄色和蓝色、绿色和品红色。对比色组合时，反差非常强烈，显得鲜明、果决、富有刺激性，但比较生硬、刺目，使用时需要采用适当的手法做调和处理，如图 3-74 所示的店铺色彩对比为互补色，利用互补色可以使广告更加突出。

2. 明度对比

以明度差别为主而产生的对比称为明度对比。我们通常把无彩色从黑到白的明度变化分为 9 个等级，称为明度梯尺。有彩色也可以在明度梯尺上找到对应的明度位置。除黑和白之外，明暗程度为 1~3 级的颜色称为低明度颜色，4~6 级的称为中明度颜色，7~9 级的称为高明度颜色，如图 3-75 所示。同种颜色的不同明度的在同一页面中给人的感觉有很大不同。

图 3-61　忠厚、稳重、有品位

（15）简单、洁净、进步

简单、洁净的色彩在色相上可以用蓝、绿表现，并大面积留白。而进步的印象可以多用蓝色，搭配低饱和度色彩甚至灰色，如图 3-62 所示。此类色彩常用于与男性有关的网店。

图 3-62　简单、洁净、进步

（16）简单、时尚、高雅

灰色是最为平衡的色彩，并且是表现塑料金属质感的主要色彩之一，因而要表达高雅、时尚，可以适当使用，甚至大面积使用。但是要注重图案和质感的构造，如图 3-63 所示。此类色彩常用于与男性有关的网店。

（17）简单、进步、时尚

灰色是塑料金属质感的主要色彩之一，因而要表达高雅、时尚的印象时，可以适当使用，甚至大面积使用，但是要注重图案和质感的构造，如图 3-64 所示。此类色彩常用于与男性有关的网店。

图 3-63 简单、时尚、高雅

图 3-64 简单、进步、时尚

3.6.3 色彩推移

在网店页面中采用色彩推移的方式组合色彩，通常是构成页面统一色调的最好方法之一。

色彩推移是将色彩按照一定规律有秩序地排列、组合，分为色相推移、明度推移、纯度推移、互补推移、综合推移等。设计师可以通过色彩推移的方法使页面色彩看起来更加统一、和谐，色彩推移同样可以运用到图片局部，如图 3-65 所示。

1. 色相推移

色相推移是将色彩按色相环的顺序，由冷到暖或由暖到冷进行排列、组合的一种渐变形式。为了使画面丰富多彩、变化有序，色彩可选用色相环，从一种颜色推移到另一种颜色，也可以选择灰度色相环，从白色到黑色或从黑色到白色。

图 3-65　色彩推移的页面局部

2. 明度推移

明度推移是将色彩按明度等差级系列的顺序，由浅到深或由深到浅进行排列、组合的一种渐变形式。一般都选用单色系列组合，也可选用两个色彩的明度系列，但也不宜择用太多，否则易乱易花，效果适得其反。

3. 纯度推移

纯度推移是将色彩按纯度等差级数系列的顺序，由鲜到灰或由灰到鲜进行排列组合的一种渐变形式。

4. 互补推移

互补推移是色相环上相距 180 度的一对色相的纯度组合推移的形式。

5. 综合推移

综合推移是将色彩按色相、明度、纯度推移进行综合排列、组合的渐变形式，由于色彩三要素同时加入，其效果要比单项推移复杂、丰富得多。

提示

> 在使用颜色综合推移为网页搭配色彩时，要注意色调之间的和谐性。

3.6.4 色彩采集

在为网店搭配颜色时，有些制作人员没有色彩知识，在不懂得色彩组合原理的情况下，制作人员如何能够为自己的网店搭配与商品相呼应的页面色彩呢？在 Photoshop 中采集色彩通常是通过（吸管工具），在图片中某个位置单击，就会将当前选取的颜色作为“工具箱”中的前景色，如图 3-66 所示。

图 3-66　吸取颜色

此时在“拾色器”面板中可以看到当前色与新采集的颜色信息，如图 3-67 所示。

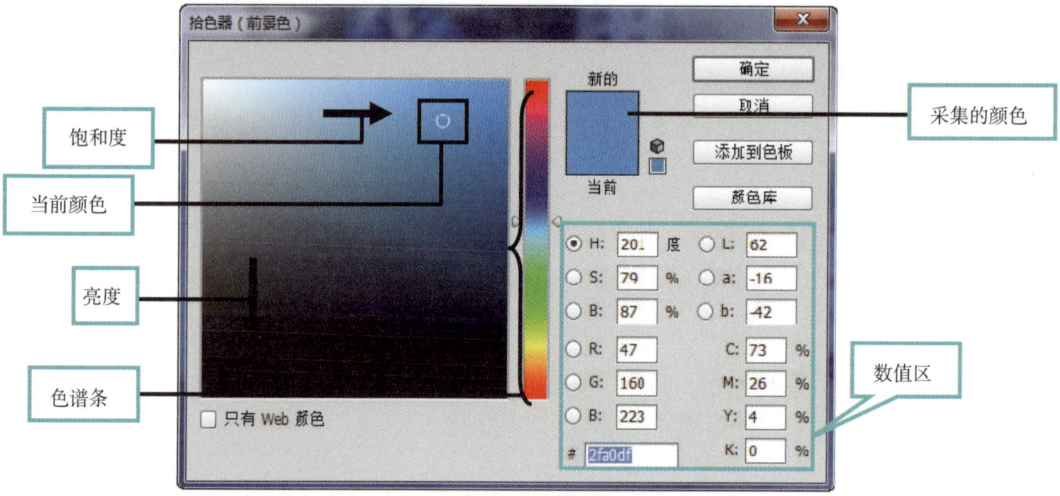

图 3-67　拾色器

如果在数值区更改数字，就能精确定义更改后的颜色，如图 3-68 所示。

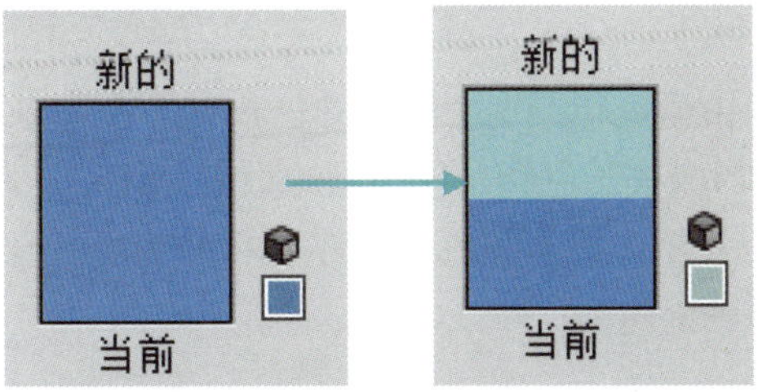

图 3-68　改变数值时的颜色对比

勾选“只有 Web 颜色”复选框后，在拾色器中只会显示应用于网页的颜色，如图 3-69 所示。采集到的颜色就可以作为与商品相对应的主色、辅助色或点缀色。

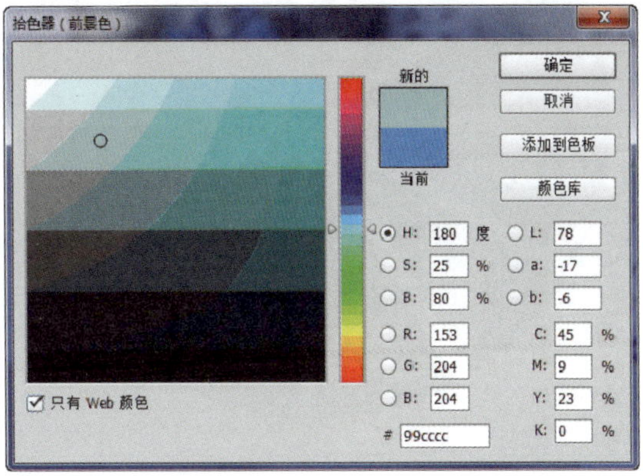

图 3-69　应用于 web 的颜色

3.7　色彩与网店页面

色彩是很微妙的东西，它们本身的独特表现力可以传达信息、情感、思想。色彩给人的感受具有特定性，但色彩的色相变化、明度变化、纯度变化、加上组合各种变化又赋予了色彩的不定性。

3.7.1　色彩对比

生活中的色彩往往不是单独存在的。我们观察色彩时，或是在一定背景中观察，或是几种色彩并列，或是先看某种色彩再看另一种色彩，等等。这样所看到的色彩就好像发生了变化，形成色彩对比现象，影响心理感觉。

色彩对比主要分为色相对比、明度对比、补色对比、纯度对比和冷暖对比。

1. 色相对比

两种以上色彩组合后，由于色相差别而形成的色彩对比效果称为色相对比。它是色彩对比的一个根本方面，其对比强弱取决于色彩在色环上的距离（角度），距离（角度）越小对比越弱，反之则对比越强，如图 3-70 所示。根据颜色在色环上的角度差别的远近，可分为类似色、邻近色、对比色、互补色等不同对比类型。

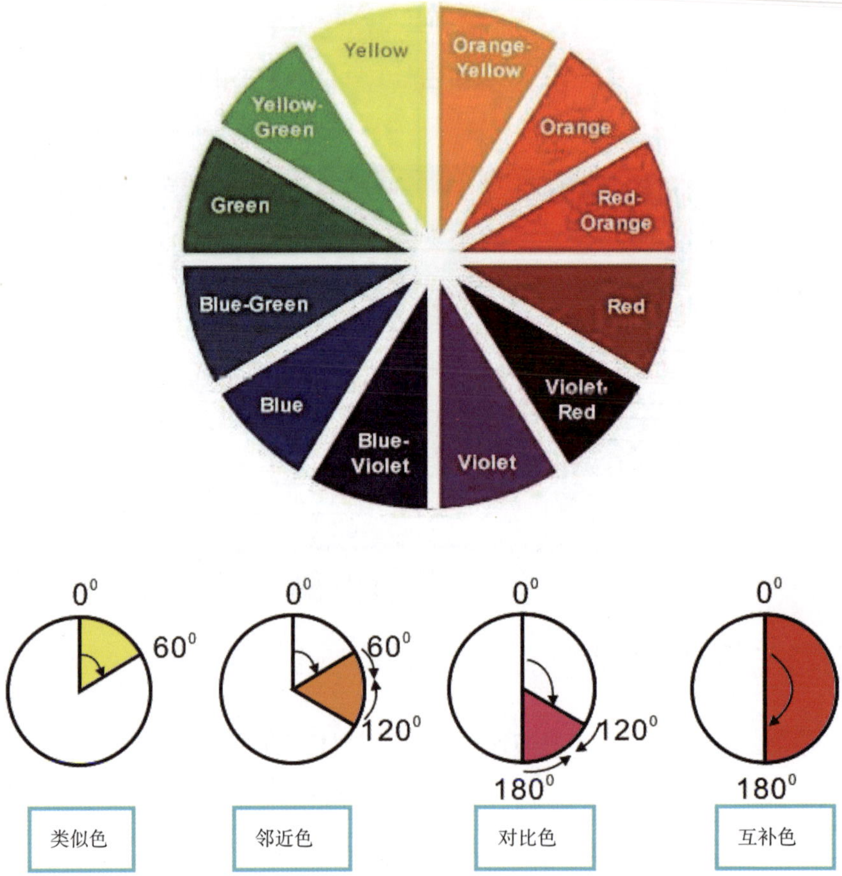

图 3-70 色相对比类型

（1）类似色及其对比应用。类似色是指色环上差距在 60 度以内的颜色，如红和橙、黄和黄绿、品红和紫等，属于色相的弱对比。反差小、柔和、舒缓，适合表现柔软的婴幼用品等，如图 3-71 所示。

图 3-71　类似色店铺

（2）邻近色及其对比应用。邻近色是指色环上差距为 60 ~120 度的颜色，如红和紫、绿和蓝、青和黄等，属于色相的中度对比。邻近色之间反差适度，且色与色之间有共同点，显得和谐自然，可应用在妇婴用品、日用品、食品等类目网上店铺中，给人典雅、明晰、干净的感觉，如图 3-72 所示。

（3）对比色及其对比应用。对比色是指色环上差距在 120~180 度的颜色，如黄和紫、蓝和红等，属于色相的强对比。对比色之间反差较大，组合使用时能产生强烈鲜明、干脆利落的感觉，有非常醒目的宣传效果，可应用于运动商品、科技商品、节庆用品等类目网上店铺中，如图 3-73 所示。

图 3-72 邻近色店铺

图 3-73 对比色店铺

（4）互补色及其对比应用。互补色是指色环上距离为 180 度的颜色，属于最强的色相对比。在色环上任意一条直线两端的色彩就是一对补色。最典型的互补色分别是：红色和青色、黄色和蓝色、绿色和品红色。对比色组合时，反差非常强烈，显得鲜明、果决、富有刺激性，但比较生硬、刺目，使用时需要采用适当的手法做调和处理，如图 3-74 所示的店铺色彩对比为互补色，利用互补色可以使广告更加突出。

2. 明度对比

以明度差别为主而产生的对比称为明度对比。我们通常把无彩色从黑到白的明度变化分为 9 个等级，称为明度梯尺。有彩色也可以在明度梯尺上找到对应的明度位置。除黑和白之外，明暗程度为 1~3 级的颜色称为低明度颜色，4~6 级的称为中明度颜色，7~9 级的称为高明度颜色，如图 3-75 所示。同种颜色的不同明度的在同一页面中给人的感觉有很大不同。

图 3-74　互补色店铺

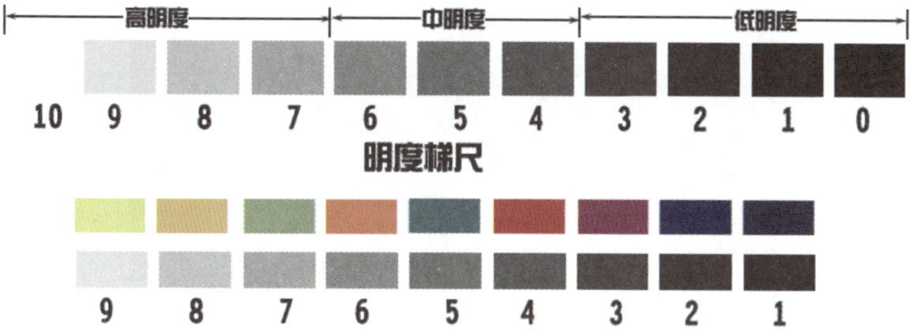

图 3-75　明度梯尺与有彩色对应

从左上至右下依次为：高短调、高中调、高长调；中短调、中中调、中长调；低短调、低中调、低长调。所有的短调，包括高短调、中短调、低短调等，由于反差和对比度较小，画面会显得柔软、温和，但容易产生含混不清的现象。所有的中调，包括高中调、中中调、低中调等，由于明度对比适中，所以版面显得典雅、明晰、理性，但容易显得平庸。所有的长调，包括高长调、中长调、低长调等，由于明度对比强烈，版面会显得响亮、果断、干脆，但容易产生生硬的感觉。

对于色彩应用来说，明度对比的正确与否，是决定配色的光感、明快感、清晰感，以及心理作用的关键。在网店色彩进行搭配时一定要先对无彩色中的黑、白、灰进行对比研究，还要对有彩色之间的明度对比进行研究，从而将店面色调调整到与商品相符合，如图 3-76 所示是使用明度对比的店面。

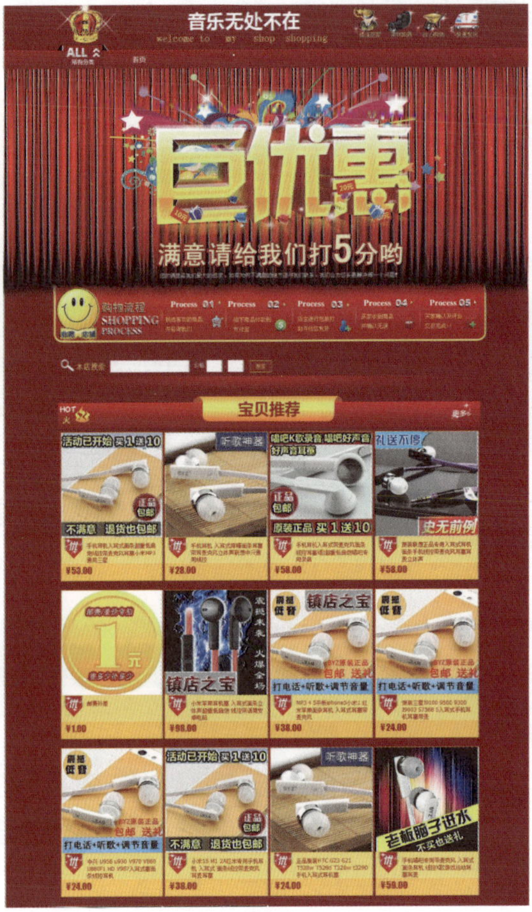

图 3-76　明度对比的店面

3．补色对比

补色对比，色彩对比中最强烈的力量，黄与紫，橙与蓝，红与绿，是最常见的三对补色，如图 3-77 所示。

图 3-77　补色对比

4．纯度对比

一种颜色的鲜艳度取决于这一色相发射光的单一程度，不同的颜色放在一起，它们的对比是不一样的。人眼能辨别的有单色光特征的色，都具有一定的鲜艳度。

以某一色相的纯色按比例逐渐加入无彩色，即可形成由若干个色阶组成的纯度系列。

我们也把它分为高纯度、中纯度和低纯度三个层次，即纯色和接近纯色的色为高纯度色阶，接近灰色的色为低纯度色阶，两者之间为中纯度色阶。将三个层次的色阶相互组合，可以形成不同的对比模式：鲜强对比——主体色为高纯度色，陪衬和点缀色为中纯度和低纯度色；灰强对比——主体色为低纯度色，陪衬与点缀色为高纯度和中纯度色；中弱对比——主体色为中纯度色，其他色为接近中纯度色；鲜弱对比——主体色为高纯度色，其他色为接近高纯度色。如图 3-78 所示的图片为纯度对比。

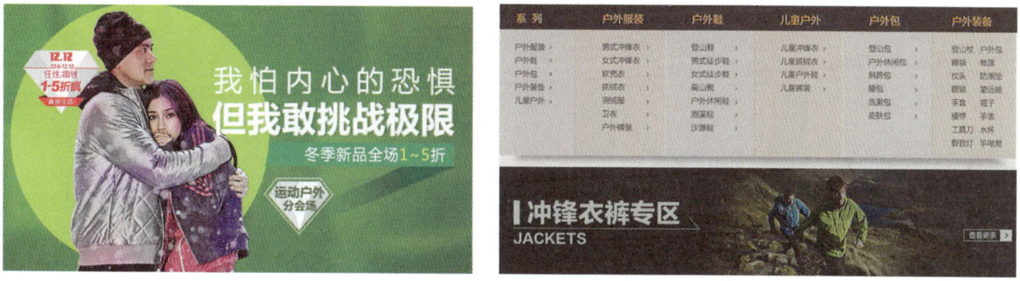

图 3-78　纯度对比

5．冷暖对比

冷暖对比是通过颜色的冷热差别而形成的对比。冷暖本身是人皮肤对外界温度高低的感受，色彩的冷暖感主要来自人的生理与心理感受。色彩可以分为冷色与暖色两种，红色光、橙色光、黄色光本身具有暖和感，照射在物体上给人一种暖暖的感觉，这类色彩为暖色；紫色光、蓝色光、绿色光有一种寒冷的感觉，这类色彩为冷色。

在色彩搭配中，冷色比暖色看起来更舒适，不会造成视觉疲劳。蓝色、绿色是冷色系中主要的颜色，也是最为常用的颜色，使用这类色彩制作的网店页面，会给人带来一种清新、祥和、安宁的感觉。

由于冷暖色系的对立性很明显，因此在设计时最好选择一种色系的颜色作为主色，而另一色系的颜色作为辅助色，从而起到陪衬的作用，使页面色彩保持协调，如图 3-79 所示。

图 3-79　冷暖对比

6．色彩的面积对比

色彩的面积对比是指两种或两种以上色彩的面积对比关系，这是一种多与少、大与小之间的对比，如图 3-80 所示。

图 3-80　色彩的面积对比

3.7.2　色彩调和

两种或两种以上的色彩合理搭配，产生统一和谐的效果，称为色彩调和。

1. 同种色的调和

相同色相，不同明度和纯度的色彩调和，称为同种色的调和。方法是使之产生循序的渐进，在明度、纯度上，形成强弱、高低的对比，以弥补同色调和的单调感。

2. 类似色的调和

色相接近的某些色彩，如红与橙、蓝与紫等的调和，称为类似色的调和。类似色的调和主要靠类似色之间的共同色来产生作用。

3. 对比色的调和

色相相对或色性相对的某些色彩，如红与绿、黄与紫、蓝与橙的调和，称为对比色的调和。调和方法有：选用一种对比色将其纯度提高，或降低另一种对比色的纯度；在对比色之间插入分割色（金、银、黑、白、灰等）；使双方面积大小不同，以达到对比中的和谐；若对比色之间具有类似色的关系，也可起到调和的作用。

3.8　网店页面色彩分类

在为网店装修时，页面的色彩根据其作用的不同可以分为三类：静态色彩、动态色彩和强调色彩。其中静态色彩和动态色彩各有用途，相互影响，相互协作，处理好两种色彩之间的关系，才能使页面色彩达到统一和谐的视觉效果，从而使买家对你的网店多一分眷恋。

3.8.1　静态与动态色彩

在网店中的静态色彩并不是指静态色彩的意思，而是指结构色彩、背景色彩和边框色彩等带有特殊识别意义的、决定店面色彩风格的色彩。动态色彩也不是指动画中运动物体携带的色彩，而是指插图、照片和广告等复杂图片中带有的色彩，这些色彩通常无法用单一色相去描绘，并且带有多种不同色调，随着图片在不同页面位置的使用，动态颜色也要跟随变化，如图 3-81 所示。

图 3-81　静态色彩与动态色彩

3.8.2　强调色彩

强调色彩又名突出色彩，是在网店页面设计中有特殊作用的色彩，是为了达到某种视觉效果而与静态色彩对比反差较大的突出色彩，或者是在店招中带有广告意义的特殊色彩，也包括在一段文字中为了突出重点而给文字加的特殊色彩等，如图 3-82 所示，加了强调色彩的文字、衣服与半透明渐变背景产生了强烈的对比。

图 3-82　强调色彩

第4章

吸引买家的布局

本章指导

- 网店栏目和页面设计策划
- 网店布局的基本元素
- 版面布局设计
- 为商品图片制作统一边框
- 基本构图与商品摆放

本章主要为大家介绍网店的整体布局问题，以及照片基本构图与商品摆放问题，目的是为了让商品在进入网店后更加具有吸引力，使其比同类型商品获得更多买家关注。同样的商品照片，如果不在布局上进行一些细心的调整，往往会给浏览的买家一种千篇一律的感觉，从而失去商机。本章就是为突出页面中的商品而专门设置的一章，无论是页面的设计策划、网店布局的基本元素，还是为网拍商品制作统一边框，本章都进行了详细的讲解，目的就是帮助卖家使自己的商品与其他淘宝店铺中同类商品有所区别，能够更大限度地吸引买家的眼球，如图 4-1 和图 4-2 所示的图片为注意细节和对细节不太注意的效果。

图 4-1　注意细节的页面

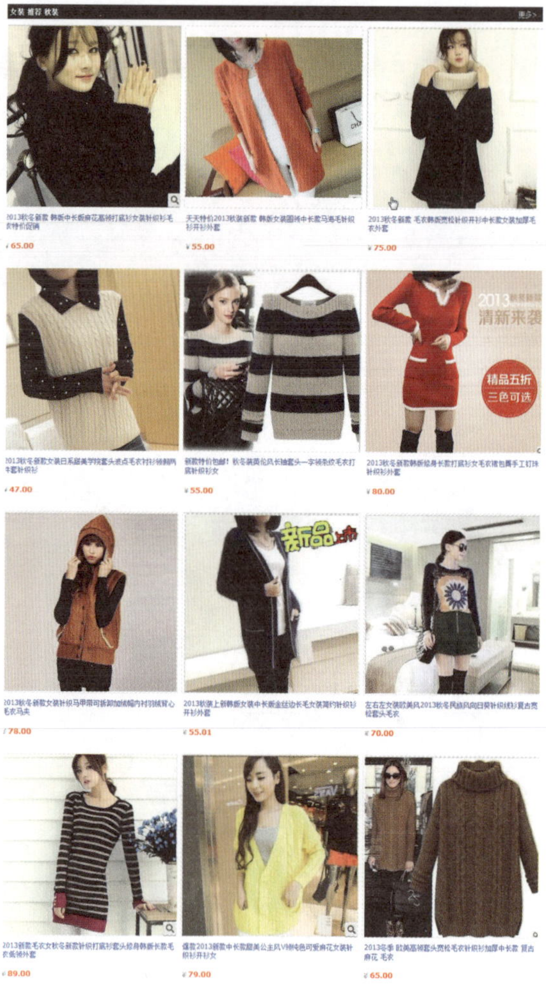

图 4-2　不注意细节的页面

4.1 网店栏目和页面设计策划

网店的设计是为了卖货而不是为了满足店主的审美，不是店主想如何设计就如何设计，一个网店设计得再漂亮、功能再全，如果不按照客户需求来设计，那么这个网店的设计就失败了。店铺装修首先要了解客户也就是买家的需求，让浏览者以自己最习惯的方式在店铺中畅快地选购，只有这样才会促成最后的购买，并将购买者变为自己店铺的常客，说不定此顾客还会成为其他顾客与店铺之间的一座桥梁，成为店铺的一个忠实的宣传者。

4.1.1 策划在制作之前的作用

一个网店没有一个全局策划，操作起来就会很盲目，不知该从哪里下手，这样就算投入再多，付出再多，最后也不会得到理想的结果。所以首先要了解本店是否符合市场需求、页面是否符合买家使用习惯、整体是否符合运营规范。

在开店前做一个专业的详细策划，可以为店主带来以下几点好处。

1. 避免日后返工，提高运营效率

很多网店店主并非网页制作方面的专业人士，总是在不断地修改网店页面。所以，为了避免以后不停地返工修改网店页面，事先对本店的各个环节进行细致的策划是非常有必要的。

2. 避免重复“烧钱”，节约运管成本

当网店整体设计好，上线一段时间后为何仍然没有很多买家？有时进行了大范围推广，收效仍然甚微，这时就应该反思自己店铺各个环节的问题，尤其是用户习惯环节的问题。如果想节省运营成本，就应该反思网店自身的定位，做好网店的策划。

3. 避免投资浪费，提高成功几率

在开店之前应该做好关于本店的详细策划，如市场的考察、买家群体的定位、赢利模式的研究。只有进行了详细思考和策划，才可以使自己的投资不白花，避免浪费。

4.1.2 网店栏目策划

相对于网店页面及功能规划，网店栏目规划的重要性更易被忽略。其实，网店栏目规划与网店的成败有着非常直接的关系，网店栏目兼具以下两个功能，二者不可或缺。

1. 提纲挈领，点题明义

网速越来越快，网络的信息越来越丰富，浏览者却越来越缺乏浏览耐心。打开网店不超过

10 秒钟，一旦找不到自己所需的信息，浏览者就会毫不客气地关掉网页。要想让浏览者停下匆匆的脚步，就要给他们网店内容的“提纲”，也就是网店的栏目。

网店栏目的规划，其实也是对网店内容的高度提炼。文字再优美的图书，如果缺乏清晰的纲要和结构，恐怕也会被淹没在书籍的海洋中。网店也是如此，不管网店的内容有多精彩，缺乏准确的栏目提炼，也难以引起浏览者的关注。

因此，网店的栏目规划首先要做到“提纲挈领，点题明义”，用最简练的语言提炼出网店中每一个栏目的内容，清晰地告诉买家网店在卖什么，有哪些信息和功能，如图 4-3 所示的店铺为具有提纲挈领栏目的页面。

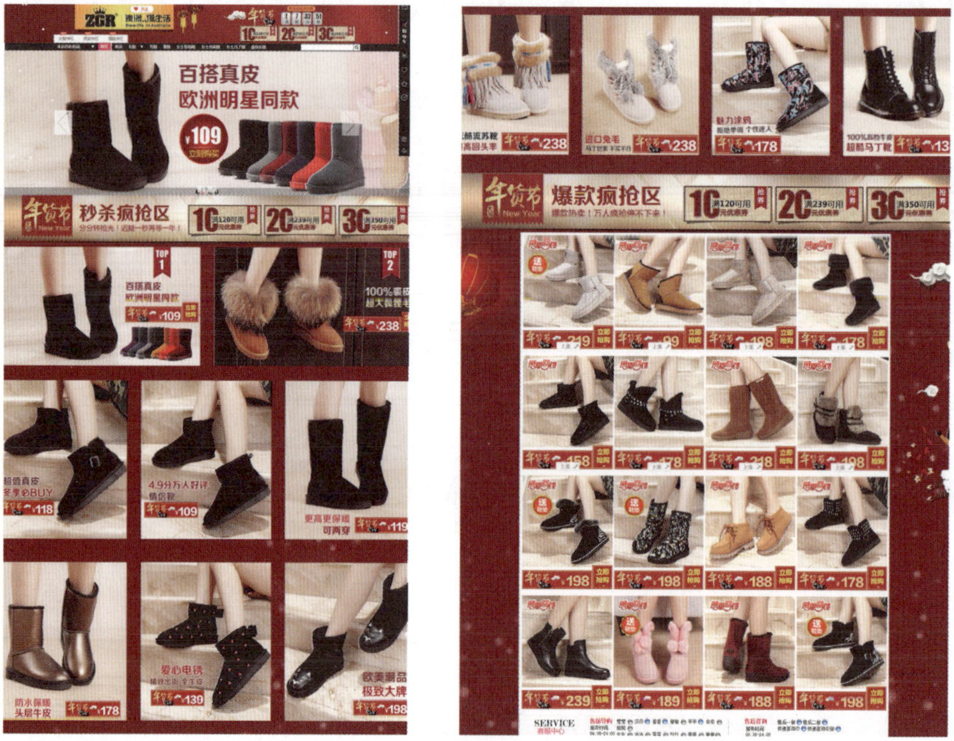

图 4-3　具有提纲挈领栏目的店铺页面

2. 指引迷途，清晰导航

网店的商品越多，买家也越容易迷失。除了“提纲”的作用之外，网店栏目还应该为买家提供清晰直观的导航指引，帮助买家方便地找到网店的所有商品页面。网店栏目的导航作用，通常包括以下几种情况。

（1）店招上的固定分类导航

店招上的固定分类导航可以帮助买家快速找到所需的栏目。通常此类导航都是与店招捆绑在一起的，位置也会固定在网店的顶部位置，目的是让买家以最快的方式找到自己想要的商品，如图 4-4 所示。

图 4-4 店招上的固定分类导航

（2）商品栏目导航

商品的栏目导航大多会放置在页面的左侧，也就是所谓的宝贝分类，分类越详细越能让买家快速找到想要的商品。看到宝贝分类后，只需单击鼠标即可进入与分类相对应的商品页面，如图 4-5 所示。

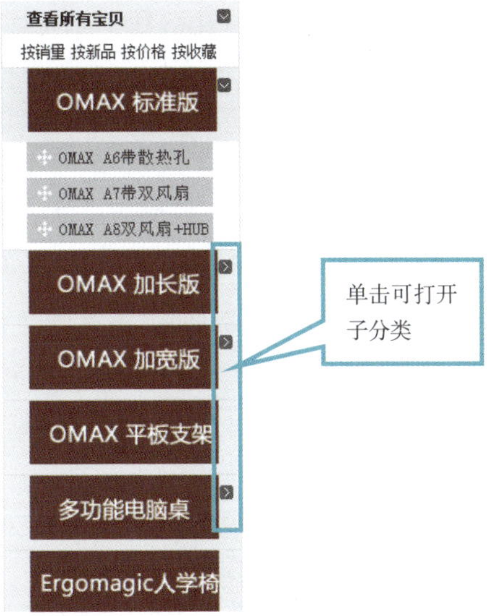

图 4-5 商品栏目导航（宝贝分类）

（3）搜索类导航

对于该店铺的老顾客而言，店招上的固定分类导航与商品栏目导航对其已经没有太大意义，老顾客到该店的目的就是要以最直接的方式找到他们想要的唯一商品，此时就可以通过店铺中“搜索店内宝贝”进行快速搜索，目的就是节省时间，提升浏览效率，如图 4-6 所示。

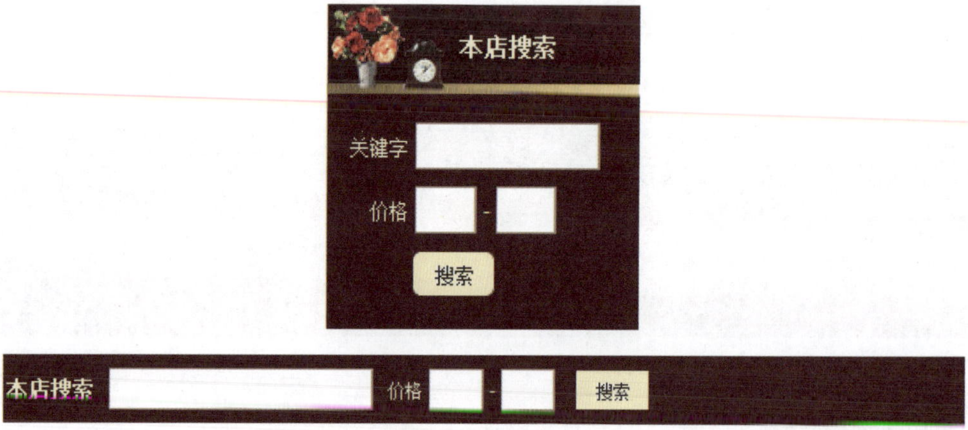

图 4-6　快速搜索

一个成功的网店栏目策划，要基于对买家需求的理解。对买家需求了解得越深入、越准确，网店的栏目也就越具有吸引力，从而能留住更多的买家，为店主创造更丰厚的利润。

4.1.3　网店的页面策划

网店页面是网店销售商品的最终表现层，也是买家访问网店的直接接触层。对网店页面设计的评估，最有发言权的当然还是网店的买家，然而买家却无法明确地告诉店主，他们想要的是怎样的网店页面，继续浏览或者马上离开网店是他们表达意见的最直接方法。好的网店策划者除了要听取团队中各个角色的意见之外，还要善于从买家的购买行为中捕捉买家的意见。

除此之外，网店策划者在做网页策划时，需遵循以下原则。

1．符合买家心理的网店特点

让买家在打开网店的一瞬间，直观地感受到企业所要传递的理念及特征，可以通过页面色彩、图片、布局等来表现，如图 4-7 所示。

2．符合买家的浏览习惯

根据网店内容的重要性进行排序，让用户用最少的眼球移动和鼠标移动，找到所需信息。

图 4-7　较符合顾客心理的店铺界面

3. 符合用户的使用习惯

根据网店买家的使用习惯，将用户最常使用的功能放置于醒目的位置，以便利于用户的查找及使用，如图 4-8 所示的图片为店内特色商品重点展示。

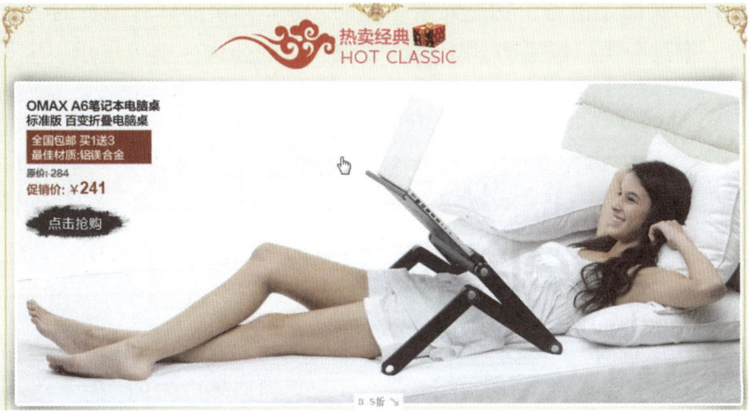

图 4-8　重点展示

4. 图文搭配，重点突出

买家对于图片的认知程度往往高于对文字的认知程度，适当使用图片可以提高买家的关注度。此外，确定页面的视觉焦点也很重要，过多的干扰元素会让买家不知所措，如图 4-9 所示。

图 4-9 图文搭配

5. 利于搜索引擎优化

多用文字及描述，以便于搜索引擎收录网店，让买家更容易找到所需内容。

4.2 网店布局的基本元素

一个完整的网店页面是由各个功能元素组成的，每个元素都具有独特的功能。主要元素有：店招、促销广告、宝贝分类、联系方式、店铺收藏、店铺公告、宝贝展示、宝贝排行、宝贝描述等。

4.2.1 店招

店招是网店的灵魂，在网店中店招必须放置在页面的顶部，用来说明经营项目，招揽买家。店招首先要让买家知道店铺的经营范围。

店招顾名思义就是店铺的招牌，对于实体店来说店招就是店铺的招牌，从品牌推广的角度来看，一个好的店招不光是店铺坐落地的标志，更能起到户外广告的作用。

网店不需要实体门面，店招就相当于网店的门面。店招一般都有统一的大小，以淘宝网来说，店招模块为 950px×150px，单独店招部分高度为 120px，加上默认导航的 30px，整个店招部分的高度为 150px。店招图片格式为 JPG、GIF（淘宝网有 Flash 的店招）。门面当然是越吸引人越好，所以网店美工的工作也就应运而生了。一个好的店招完全可以体现出本店和所售商品的特点，在让买家记住的同时自然会增加商品的销量。不同的店铺设计的店招也不同，有简单的也有复杂的，如图 4-10 所示为常见类型的店招。

图 4-10　店招

4.2.2　促销广告

在淘宝网店中，把商品直观展现给浏览者，并留出相应广告效果的区域，应该是最受买家关注的区域之一。自定义促销区域在淘宝旺铺中可分为通栏广告区、右侧自定义广告区和左侧自定义广告区，在制作时要考虑到淘宝网对于图片的尺寸要求及大小要求，如图 4-11 所示的图片为店铺的全屏通栏广告、右侧自定义广告和左侧自定义广告效果。

图 4-11　促销广告

图 4-11　促销广告（续图）

4.2.3　宝贝分类

在网店中如果上传的宝贝过多，那么查看起来就会变得非常麻烦，此时如果将相同类型的宝贝进行归类，将宝贝放置到与之对应的分类中，再进行查找会变得十分轻松，网店中的宝贝分类就是为了让买家以最便捷的方式找到自己想买的宝贝。在店铺中对于宝贝分类我们可以按照网店的整体色调进行设计，好的宝贝分类可以让买家一目了然，如图 4-12 所示。

图 4-12　宝贝分类

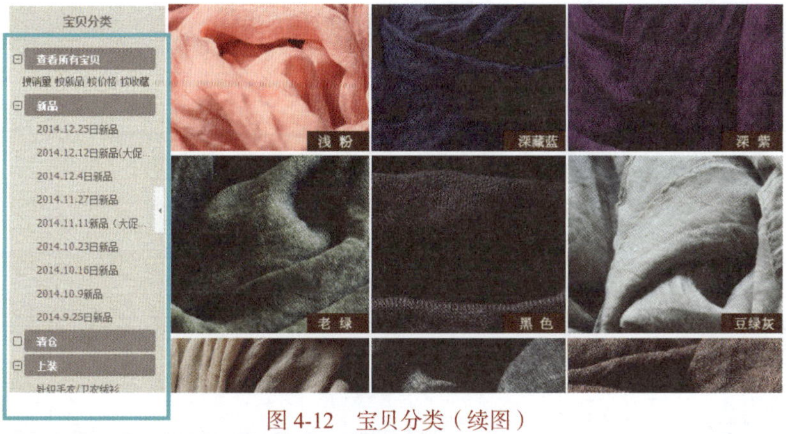

图 4-12　宝贝分类（续图）

4.2.4　联系方式

在店铺中添加联系方式可以让买家对浏览的店铺更加信任，联系方式可以按照店铺的设计类型选择放置位置，可以是单独的标准通栏，也可以随左侧或右侧促销广告一同出现，如图 4-13 所示。

图 4-13　联系方式

4.2.5　店铺收藏

在淘宝网店中添加醒目的店铺收藏按钮，主要有两个原因：一是淘宝系统的收藏按钮过小，不利于引起买家的注意；二是店铺的收藏人气会影响店铺的排名。

既然设置收藏按钮的意义在于引起买家的注意，吸引更多的人自愿收藏店铺，那就在设计与制作时首先要求按钮醒目，如图 4-14 所示。

图 4-14　店铺收藏

4.2.6　店铺公告

在淘宝网上做生意，竞争是非常激烈的，让买家主动掏钱买商品是每个卖家的共同心愿，为了增加销量，卖家会想出很多促销方案，用以激发买家的购买欲望。

如何才能让买家在浏览网店时知道本店的促销活动呢？最好的方式就是宣传。宣传的花样很多，一种是直接在右侧自定义区域键入文字，优点是内容醒目、直接，缺点是会影响整个店铺的装修。另一种是将促销文字与图片相结合，以图片的方式出现在自定义区域中，优点是可以兼顾网店的装修设计，缺点是更换图片不是很便利。还有一种就是以公告文字的形式动态地出现在自定义区域中，优点是直观、醒目、内容替换方便，缺点是不够美观。但是最直观的莫过于店铺公告了。在公告里可以让买家直接了解本店的促销活动，如图 4-15 所示。

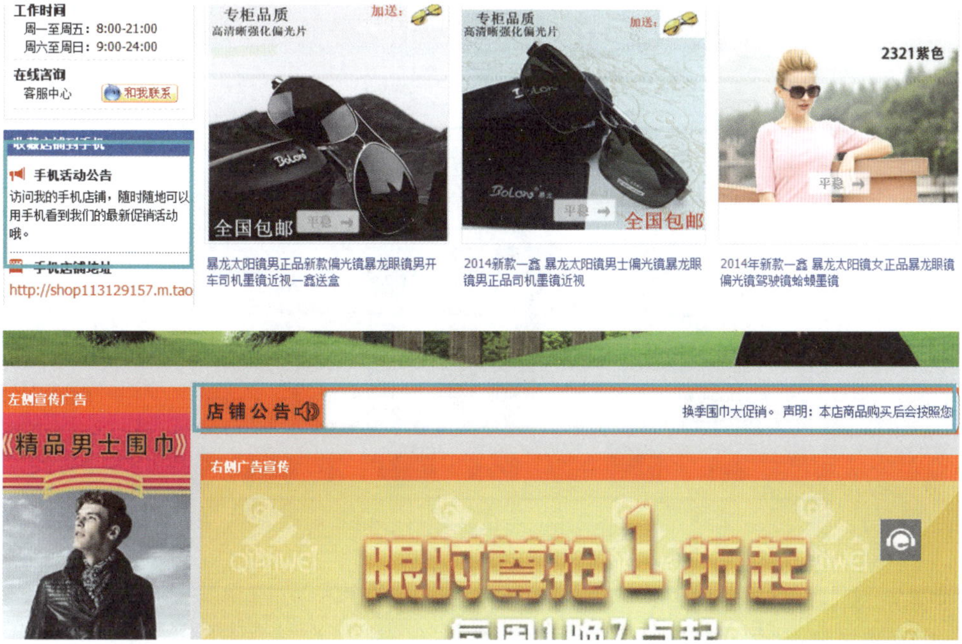

图 4-15　店铺公告

4.2.7　宝贝展示

网店中需要出售的商品，都会出现在宝贝推荐区域内，如图 4-16 所示。

图 4-16　宝贝展示

图 4-16　宝贝展示（续图）

4.2.8　宝贝排行

在网店中添加计数功能，可以让店主十分轻松地了解买家的购买心理，或查看爆款的销售行情，以此来管理网店，做到心中有数，如图 4-17 所示。

图 4-17　宝贝排行

4.2.9　宝贝描述

在淘宝网店中要想成功推销自己的商品，需要在商品描述中下一些功夫，以此来吸引买家，达成交易。宝贝描述模板通常是指包含宝贝描述在内的宝贝介绍页面。这里我们可以将其设计成一个模板，其他宝贝都可以使用这个模板展示。

在网店中如果每个宝贝都有自己的一个宝贝描述样式，那么整个店铺看起来会非常不统一。为不同的商品制作一个通用的描述模板，就能使整个店铺看起来非常协调，让买家看起来比较舒服。下面就为大家讲解一下宝贝描述模板的制作方法，对于宝贝描述模板通常有两种，一种是宽版 950Px；另一种是窄版 750Px，不管哪种宝贝描述模板都应该有宝贝说明、宝贝描述、宝贝展示、买家须知等，如图 4-18 所示。

图 4-18　宝贝描述

4.3　版面布局设计

网店页面的设计主要在编排和布局上，虽然网店的页面设计不如网页页面设计灵活，但是它们有许多相近之处，最终的目的还是要在视觉上得到一个满意的效果，让买家进入店铺就能被其吸引。网店的整体布局可以按照淘宝网为大家提供的功能进一步设计，如图 4-19 所示。

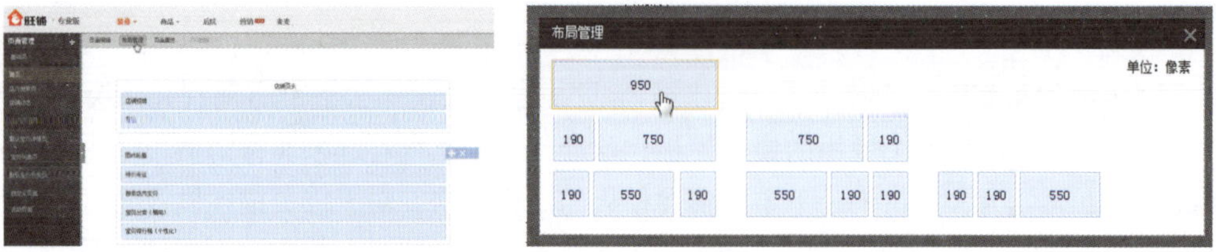

图 4-19　排版布局

4.3.1　版面布局原则

版面布局就像传统的报刊一样，我们将网店页面看作一张报纸、一本杂志来进行排版布局。它们的基本原理是相通的，我们可以领会要点，举一反三。

版面布局，就是以最适合买家浏览的方式将图片和文字摆放在页面的不同位置。网店页面布局在设计时，可以按照以下几点原则来进行。

1. 主次分明，中心突出

在设计网店页面布局时，必须要考虑整个页面的视觉中心，大多数网店都会以促销广告作为页面的第一视觉点，通常会放置在页面的中心或中心偏上位置，在视觉中心以外的区域可以放置稍微次要的内容，这样页面中就会形成主次分明的效果，如图 4-20 所示。

图 4-20　主次分明

2. 图文搭配，相互照应

对于重点推销的商品，一般应制作一张促销广告放置到版面的显眼部位。如果只是一幅图片，会使广告看起来比较突兀，令买家不知道想要表达的内容；如果只用文字进行说明，则会让买家比较迷茫。此时要将图片和文字相结合，让人看得清晰，看得赏心悦目，如图 4-21 所示。

图 4-21　图文结合

3. 控制好背景色彩

考虑到大多数人使用 256 色显示模式，因此一个页面中的色彩最好控制在 3 个色系以内，如果颜色太多会让页面看起来主次不明，如图 4-22 所示。

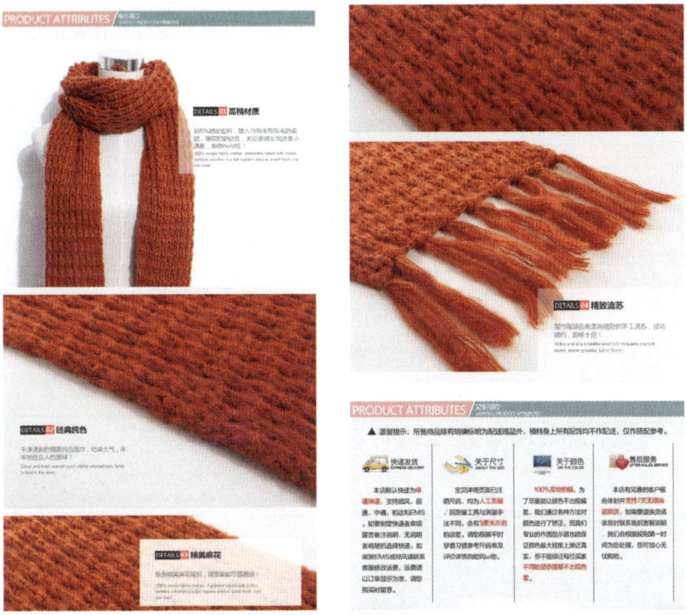

图 4-22　版面色系

4. 保持简洁一致性

保持简洁性的常用方法是使用醒目的标题，这个标题常常会采用图形表示，但图形同样要求简洁，另一种保持简洁性的方法就是限制字体与颜色的数目。

要保持一致性，可以从页面的版式排列下手，每个区域的文本、图形之间保持相同的间距，主要图形、标题或符号旁白留下相同的空白。

4.3.2 网店页面内容的排版

网店页面内容的排版除了淘宝本身提供的布局格式以外，更加细致的内容排版要依靠文字和图片。

1. 文字排版的作用

相对于图片，文字同样具有吸引力，在浏览一个网店的时候，能够直接吸引用户目光的有时并不是图片。大多数通过偶然点击进入网店的用户，是来寻觅相关信息的，因此，保证网店页面设计凸显出最重要的信息板块，是设计的首要原则。

2. 图片排版的作用。

买家通过图片可以直接看到商品的效果，在排版时可以对图片进行详细的设置，比如，为节省浏览者在本网店浏览时的等待时间，一定要对图片的大小进行相应的控制，这样才能让买家以最快的速度浏览商品图片。

在设计网店页面布局时应该注意以下几点。

- 从上向下，从左向右，按照内容的重要性优先有序地展开。
- 买家的目光第一时间聚焦于页面的左上角。
- 花哨的文字字体和颜色常常会被忽视。
- 避免呈现大块的文本，简短的段落相对于长段落来说有更好的表现力。
- 根据视觉锁定原理，一栏格式比多栏格式拥有更好的表现力。
- 越大的图片越能吸引更多的注意力。
- 干净、清晰的特写图片能吸引更多的注意力。

4.4 为商品图片制作统一边框

商品在页面中如果只是进行一下排列的话，虽然能够起到整体划一的效果，但是不能为单独的商品进行更好的视觉展现，如果把所有商品图片裁剪成统一大小后再添加相同边框的话，可以大大提升单个商品图片的细节表现力，对于整体而言也会起到赏心悦目的效果。

4.4.1　用边缘色彩添加边框

图片本身就有背景，而且色彩是多样的，在给图片加边框时最好选用与图片背景同一个基色的颜色，而且最好是取图片最边上的色彩，如果边上有多种颜色，就取最多的那种颜色，如图 4-23 所示的图片为不同边框的效果，从中我们可以轻松看出最适合的描边。

图 4-23　边框

在为图片添加边框时，边框不宜太宽，只要能够让图片整体有一种“收缩感”即可，如图 4-24 所示。

将多个商品进行摆放时，如果不将边框颜色统一，那么会让人看起来感觉十分不舒服，如图 4-25 所示。

图 4-24　边框宽度

图 4-25　统一边框颜色

4.4.2　调整图片背景边缘

当对一个商品照片的大小进行调整后，正常情况下会留下 1px 的毛边，边界会变得模糊，如果继续调整，模糊度会加大。这看起来太不起眼了，以至于无法用肉眼来察觉，但是图片背景边缘总是让人感觉不舒服，下面用一张网拍商品图片举例子，如图 4-26 所示。

精确调整后的效果
表面看不出太大异样，放大后边缘出现毛边

图 4-26　背景边缘细节调整

提示

> 消除图片毛边的方法是在图片上绘制一个稍小一点的选区，反选后删除像素内容，如图 4-27 所示。

图 4-27　细节调整

单独查看图片时并不是太明显，我们可以对排列在一起的图片进行查看，此时可以十分清楚地看到精细调整前后的对比效果，如图 4-28 所示。

图 4-28　对比

4.4.3　统一边框样式

为商品图片添加边框后，最外层使用同样颜色，如果不是每个图片都应用同样的边框样式，那么整体看起来也不是很舒服，如果选择的图片背景颜色不一致，此时单独添加边框会使整体看起来十分不协调，但若为其添加白色描边后，再添加统一边框，则会消除当前的尴尬，如图 4-29 所示。

图 4-29　对比

图 4-29　对比（续图）

统一的边框样式不但会让页面整体有更好的视觉效果，而且会对单独的商品起到修饰与美化的作用，从而在买家心里留下较深印象，让买家在对比别家商品后，返回本店了解详细信息。

当背景选择深色时，图片的边框如果还是深色，将会看不出效果。在深色背景下可以有两种方案：一是去掉外框，用白色做边框；二是加亮外框，留出与背景相同颜色的间距，如图 4-30 所示。

图 4-30　深色背景

图 4-30　深色背景（续图）

4.4.4　商品图片边框的制作

为商品添加边框会将浏览者的目光聚集到边框内的图片上，从而使买家更容易对商品感兴趣，添加边框的具体操作如下。

1. 启动 Photoshop 打开一张网拍女士包照片，如图 4-31 所示。

图 4-31　素材

2. 按 Ctrl+J 组合键复制背景得到一个图层 1，如图 4-32 所示。

3. 执行菜单中“图层/图层样式/描边”命令，打开“描边”图层样式对话框，将描边颜色设置为边缘背景的深基色，其中的参数值设置如图 4-33 所示。

图 4-32　图层

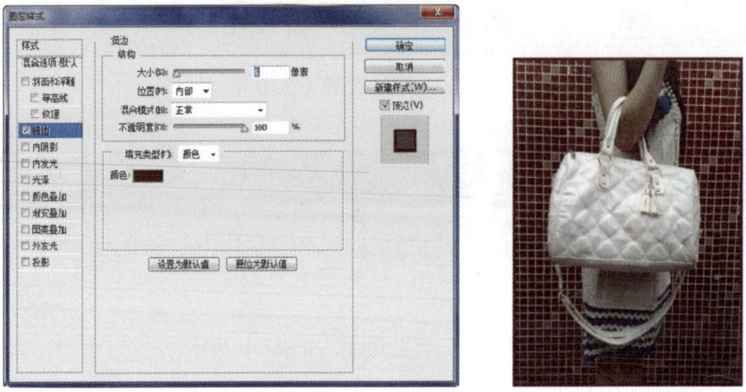

图 4-33　描边

4. 单击对话框左侧“内发光”选项，打开“内发光”对话框，其中的参数值设置如图 4-34 所示。

5. 设置完毕单击“确定”按钮，效果如图 4-35 所示。

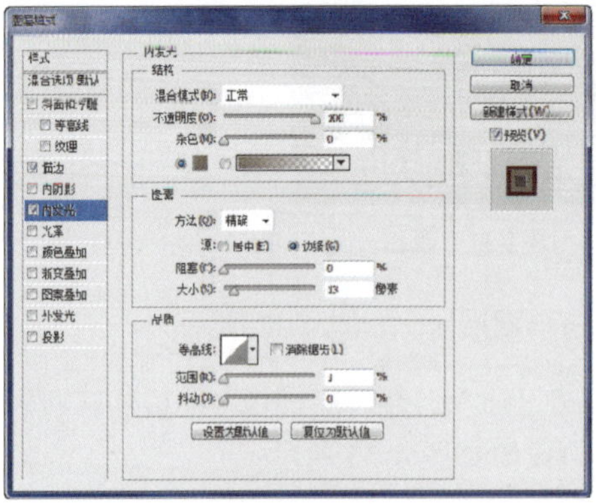

图 4-34 内发光

图 4-35 最终边框效果

提示

添加边框还可以通过“画布大小”命令，如图 4-36 所示。

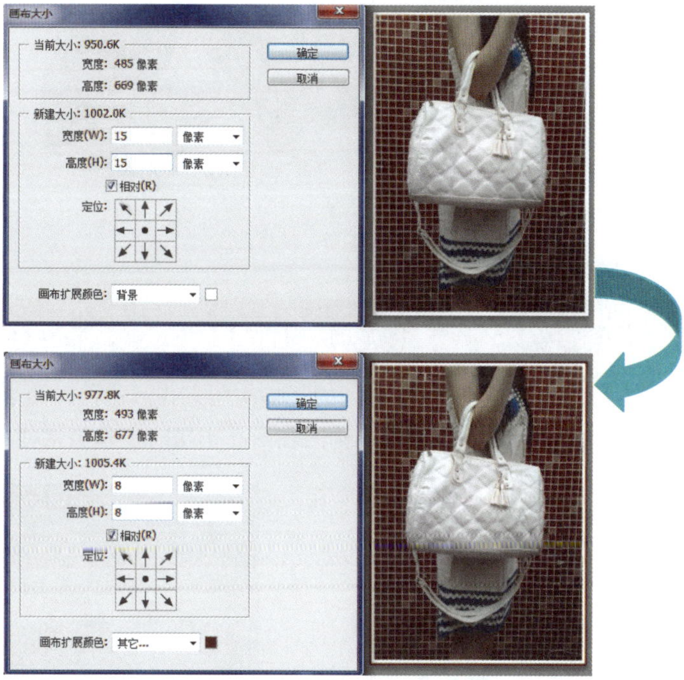

图 4-36　添加边框

4.5　基本构图与商品摆放

室内网拍商品时，面对琳琅满目的商品时，我们都想拍摄出生动且吸引人的艺术作品。当你对自己的相机非常熟悉并且掌握了用光、布光的知识，将镜头对准商品时，你考虑的一定是如何构成一个最为理想的画面。此时你就会对于构图的重要性有了自己的认识。在很大程度上构图决定作品构思能否实现，决定着整个作品的成败。

4.5.1　横式构图

横式构图是商品呈横向放置或横向排列的横幅构图方式。这种构图给人的感觉是稳定和可靠，多表现商品的稳固，并给人安全感，是一种常用的拍摄构图方式，如图 4-37 所示。

图 4-37 横式构图

4.5.2 竖式构图

竖式构图是商品呈竖向放置或竖向排列的竖幅构图方式。这种构图给人的感觉是高挑和秀朗，常用来拍摄长形或者竖立的商品，竖式构图在商品拍摄时也是经常使用的，如图 4-38 所示。

图 4-38 竖式构图

4.5.3 斜式构图

斜式构图是商品呈斜向摆放的构图方式。这种构图的特点是富有动感、个性突出，对于表现造型、色彩或者理念等较为突出的商品，斜式构图方式较为常用，使用得当可以得到不错的画面效果，如图 4-39 所示。

图 4-39　斜式构图

4.5.4　黄金分割法构图

在摄影构图中一般比较忌讳将拍摄的主体置于画面正中间位置，然而这又是很多拍摄者会犯的一个毛病。在黄金分割法构图方式中，画面的长宽比例通常为 1:0.7，由于按此比例设计的造型十分美丽，因此被称为黄金分割，在黄金分割的九宫格内相交的四个点处是放置主体的位置，这样可以将画面布置得更加完美，如图 4-40 所示。

图 4-40　黄金分割法构图

4.5.5　对称式构图

为了让主体凸显，我们在拍摄时常常将其放置到画面的中间，左右基本对称，这样做是因为很多人喜欢把视线放在中间，上下的空间比例大体匀称。对称式构图具有平衡、稳定和相呼应的特点，缺点是表现呆板、缺少变化。为了防止这种呆板的表现形式，拍摄者在拍摄时常常会在对称中构建一些不对称，如图 4-41 所示。

图 4-41　对称式构图

4.5.6　其他形式的构图

商品的摆放其实也是一种陈列艺术，同一种商品按照不同风格摆放会得到意想不到的视觉效果，如图 4-42 所示。

图 4-42　其他形式的构图

提示

在淘宝店铺上传图片后，系统会自动将图片按照规定显示在店铺的宝贝推荐区域内，所以在上传图片时最好将图片先进行大小统一处理，这样才能将图片以规定大小显示在图片框内，如果不调整会出现图片大小不等，使页面的整体效果大打折扣，如图 4-43 所示。

图 4-43　对比

第 5 章

网店中可装修模块的设计

本章指导

- 店标设计与制作
- 店招设计与制作
- 宝贝分类设计与制作
- 右侧自定义促销区设计与制作
- 左侧自定义促销区设计与制作
- 店铺收藏图片与联系我们图片设计与制作
- 焦点图图片设计与制作

本章主要为大家介绍网店组成部分的制作，其中包含店标、店招、宝贝分类、促销区、宝贝描述、收藏与联系及焦点图等。一个功能完善的淘宝店铺通常都由上面各个板块组成，每个区域在店面中都具有自己的作用与特点，如图 5-1 所示的图片为成功运营的淘宝店铺。

图 5-1　淘宝店铺

5.1　店标设计与制作

在淘宝店铺中店标通常指的是网店的核心标识，也就是店铺的 LOGO，是店铺的标志，文件格式为 GIF、JPG、JPEG、PNG，文件大小在 80KB 以内，建议尺寸为 100px×100px 或拓展版 230px×70px。

开淘宝店主要是在经营方面，但是一些淘宝店铺装修的细节也是不可以疏忽的，淘宝店标的设计与制作就是其中一点。当顾客搜索店铺类目，或是进行收藏的时候，好看的店标容易被记住。

对于一个店铺而言，店标有着相当重要的地位。大到国际连锁品牌，小到零售网店，一般都会有自己的独特标志。这些标志能够代表一个品牌，一种形象，更能给顾客留下深刻的印象，从而稳定扩展店铺的客户群。淘宝店标正是担当这一重要作用的载体，可以代表着店铺的风格，店主的品位，商品的特性，也可起到宣传的作用。

下面就以化妆品店铺作为例子为大家讲解一下旺铺店标设计的制作方法，具体操作如下。

1 启动 Photoshop 执行菜单中“文件/新建”命令，打开“新建”对话框，其中的参数值设置如图 5-2 所示。

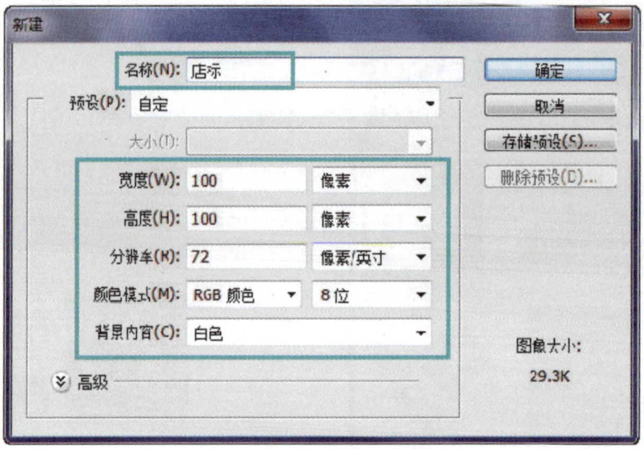

图 5-2　“新建”对话框

2. 设置完毕单击“确定”按钮，系统会新建一个空白文档，如图 5-3 所示。

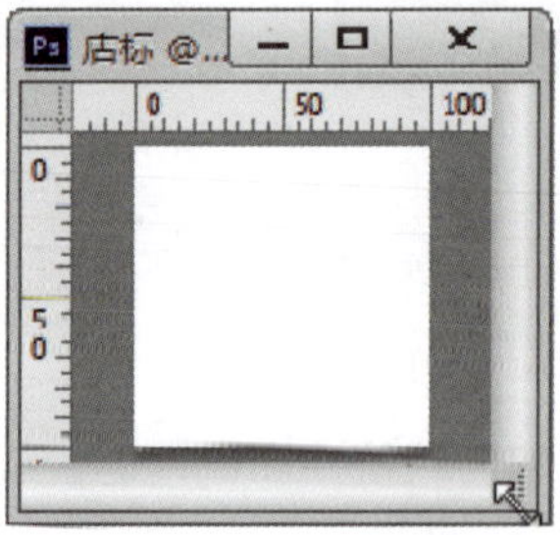

图 5-3　空白文档

3. 新建图层 1，将前景色设置为“黑色”，使用（椭圆选框工具）在文档中绘制一个正圆选区，按 Alt+Delete 组合键填充前景色，如图 5-4 所示。

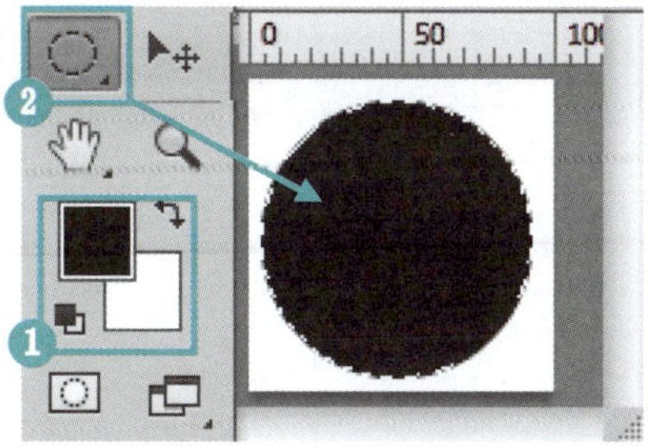

图 5-4　绘制正圆选区并填充前景色

4. 执行菜单中“选择/变换选区”命令，调出变换框，拖动控制点将选区调大，移动位置后按回车键确定，按 Delete 键清除选区内容，再按 Ctrl+D 组合键去掉选区，过程如图 5-5 所示。

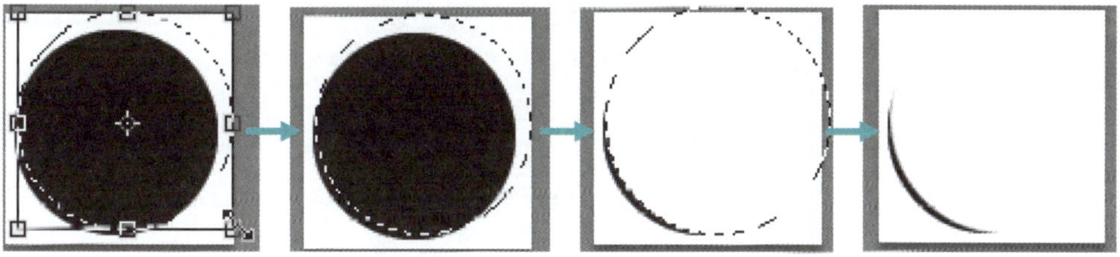

图 5-5　变换并编辑

5. 再新建两个图层，使用同样的方法制作出另外两个月牙形，如图 5-6 所示。

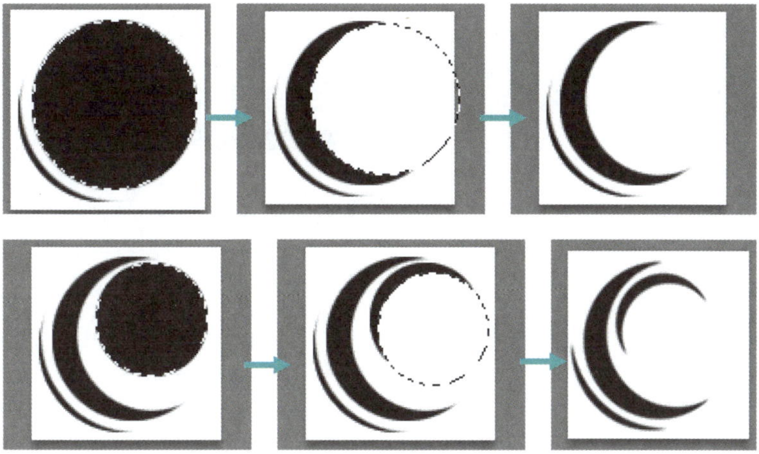

图 5-6　制作月牙

6. 执行菜单中“窗口/样式”命令，打开“样式”面板，在弹出菜单中选择“Web 样式”，如图 5-7 所示。

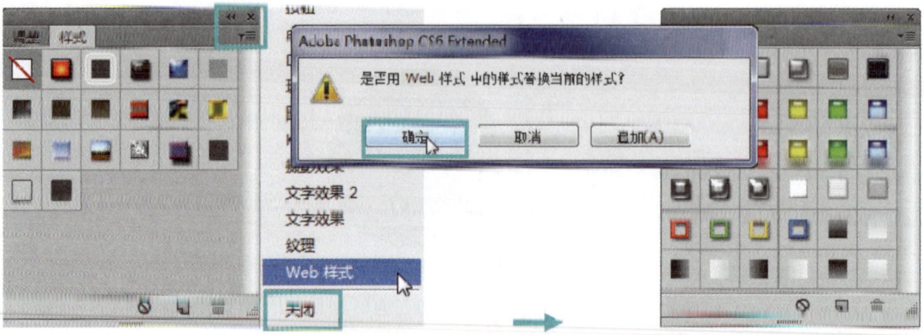

图 5-7　样式面板

7. 选择“绿色凝胶”，效果如图 5-8 所示。

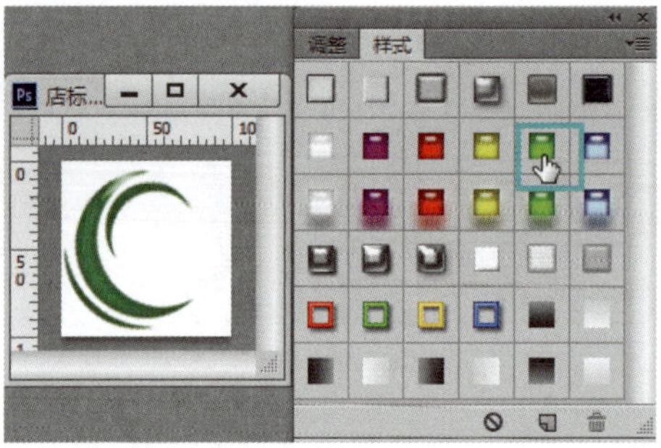

图 5-8　添加样式

8. 在“图层”面板中分别双击“斜面和浮雕”与“光泽”样式，在打开的对话框中重新设置参数，如图 5-9 所示。

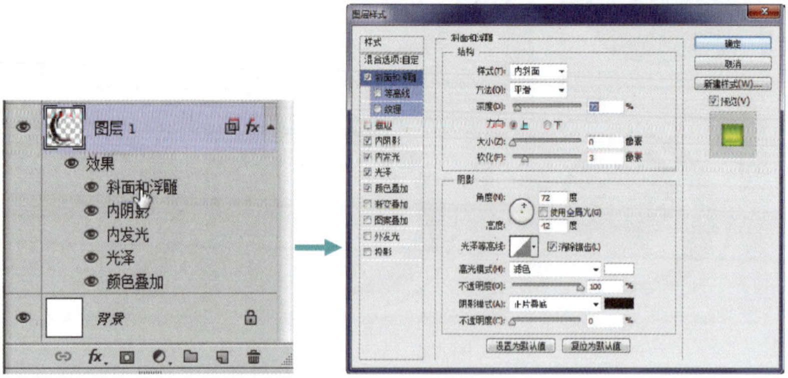

图 5-9　设置参数

9. 此时会得到如图 5-10 所示的效果。

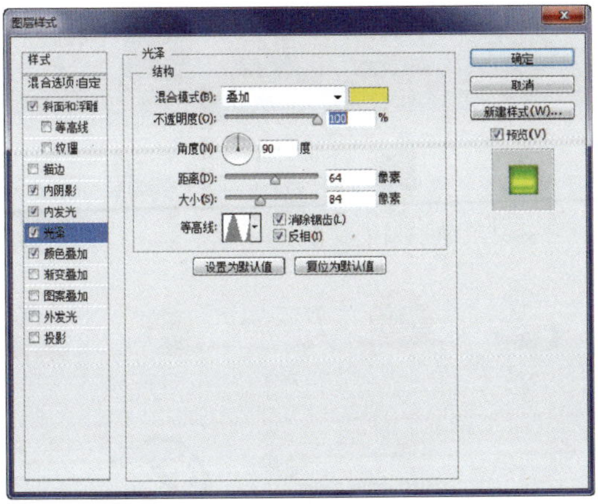

图 5-9　设置参数（续图）

图 5-10　添加样式后

10. 键入文字，绘制花形装饰，效果如图 5-11 所示。

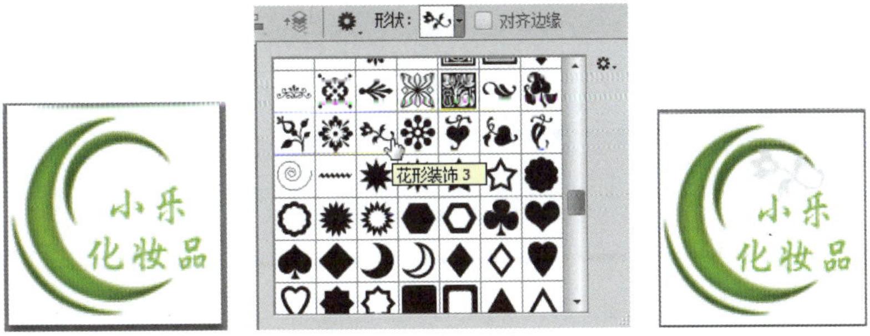

图 5-11　绘制花形装饰

11. 使用同样的方法将文字和形状添加与图层 1 一样的样式在另两个图层上，此时“旺铺店标设计”制作完毕，效果如图 5-12 所示。

图 5-12　店标

12. 对于不同商品可以设计出不同的店标，如图 5-13 所示的图片为各种 LOGO 设计。

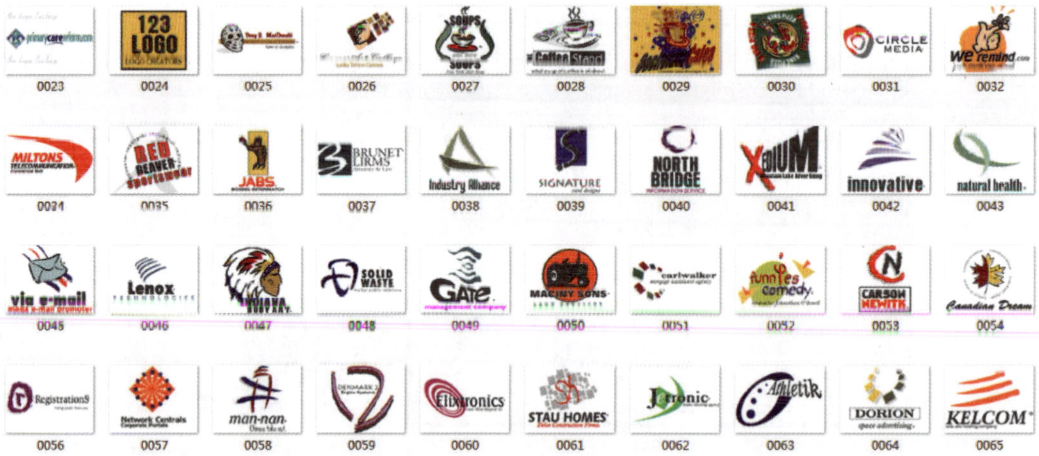

图 5-13 店标 LOGO

5.2 店招设计与制作

以淘宝网来说，店招尺寸为 950px×150px，单独店招部分高度为 120px，加上默认导航 30px，整个店招部分的高度也就是 150px。格式为 JPG、GIF（淘宝网自身有 Flash 的店招）。

下面就以化妆品店铺作为对象为大家讲解一下旺铺店招设计的制作方法，具体操作如下。

1. 启动 Photoshop，新建一个“宽度”为 950 像素、“高度”为 120 像素、“分辨率”为 72 像素/英寸的空白文档，设置“前景色”为 RGB（238、255、253）、“背景色”为 RGB（195、255、235），使用（渐变工具）从中心向外拖动鼠标填充从前景色到背景色的径向渐变色，效果如图 5-14 所示。

图 5-14 新建文档填充渐变色

2. 新建图层，按 Ctrl+Delete 键填充背景色，将前景色改为 RGB（155、200、13），执行菜单中“滤镜/滤镜库”命令，打开“滤镜库”对话框，选择“素描”中的“半调图案”命令，其中的参数值设置如图 5-15 所示。

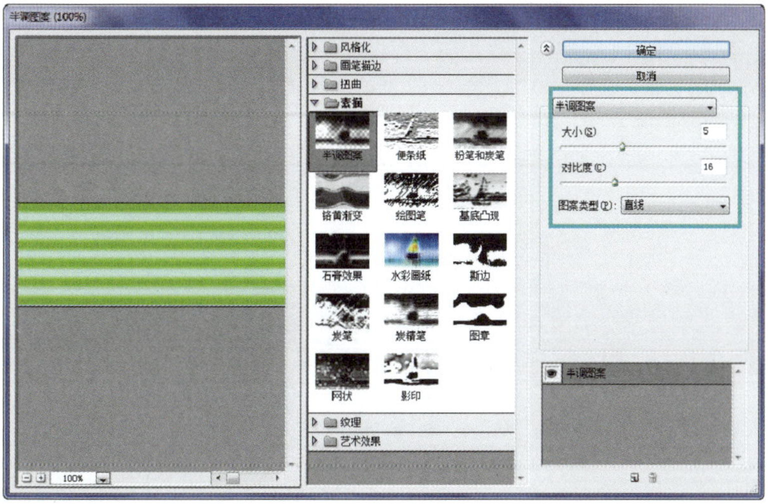

图 5-15　半调图案

3. 设置完毕单击“确定”按钮，效果如图 5-16 所示。

图 5-16　应用“半调图案”

4. 单击“添加图层蒙版”按钮，为图层创建一个蒙版，使用（渐变工具）从中心向外拖动鼠标填充从黑色到白色的径向渐变色，设置“不透明度”为 40%，效果如图 5-17 所示。

图 5-17　编辑蒙版

5. 找到一个白色背景的化妆品图片，将其拖动到当前文档中，设置“混合模式”命令为“变暗”，将白色背景隐藏，新建一个图层，使用（画笔工具）在文档中绘制一个绿色“气泡”笔触，如图 5-18 所示。

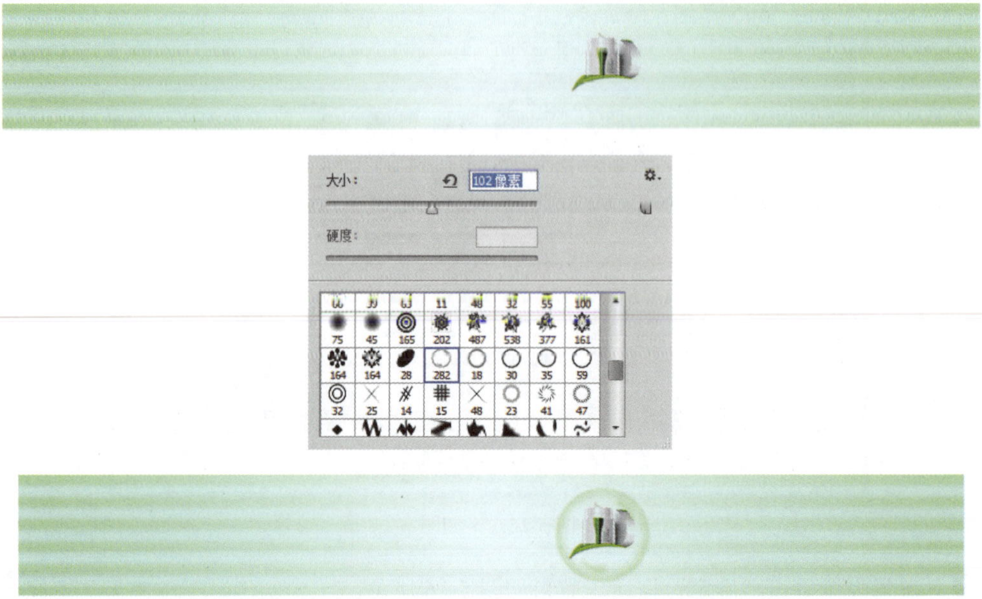

图 5-18　移入素材绘制画笔

6. 复制气泡与化妆品所在的图层，对化妆品和气泡分别进行“色相/饱和度”的调整，改变一下色调，效果如图 5-19 所示。

图 5-19　复制图层并调整色相

7. 新建一个图层，绘制一个绿色的矩形，如图 5-20 所示。

图 5-20　绘制矩形

8. 执行菜单中“图层/图层样式/投影”命令，打开“投影”对话框，其中的参数值设置如图 5-21 所示。

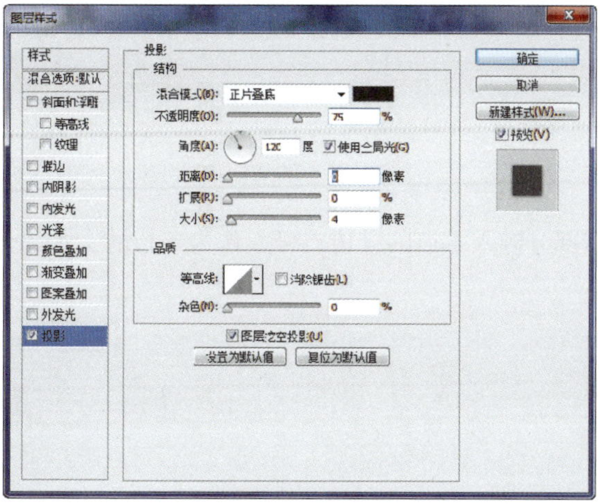

图 5-21　设置投影

9. 执行菜单中“图层/图层样式/创建图层”命令，将矩形与投影分离在不同的图层中，如图 5-22 所示。

图 5-22　创建图层

10. 选择投影所在的图层，绘制一个“羽化”为 20 的椭圆选区，将选区内的图片删除，效果如图 5-23 所示。

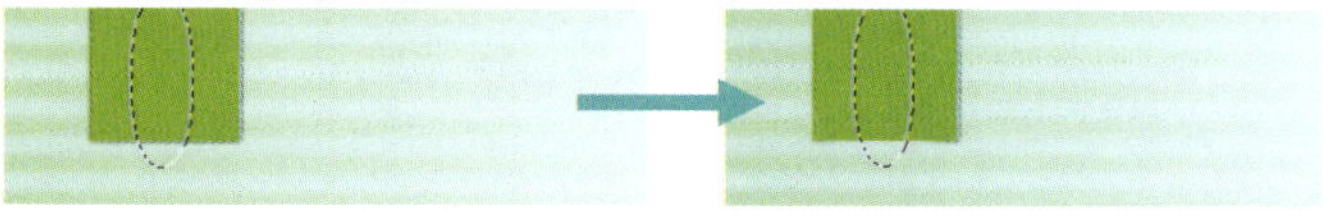

图 5-23　清除选区内的图片

11. 按 Ctrl+D 键去掉选区，打开之前制作的 LOGO，将 LOGO 颜色填充为白色，再将其移动到“店招”文档中，效果如图 5-24 所示。

图 5-24　移入 LOGO

12. 在店招的中间部分键入本店的宣传口号，作为店招的文本部分，至此本例制作完毕，效果如图 5-25 所示。

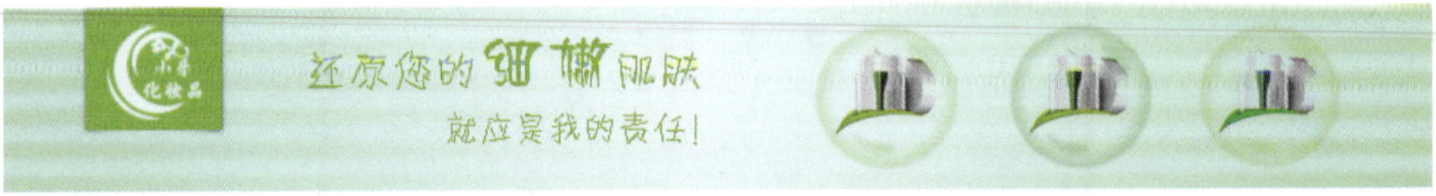

图 5-25　店招

5.3　宝贝分类设计与制作

以淘宝网为例，左侧宝贝分类区域的“宽度”为 150px，“高度”可以按照自己的设计布局自行设定。

5.3.1　宝贝分类设计

下面就以化妆品店铺作为装修对象为大家讲解一下旺铺宝贝分类设计的制作方法，具体操作如下。

1. 启动 Photoshop，新建一个“宽度”为 150 像素、“高度”为 50 像素的空白文档，如图 5-26 所示。

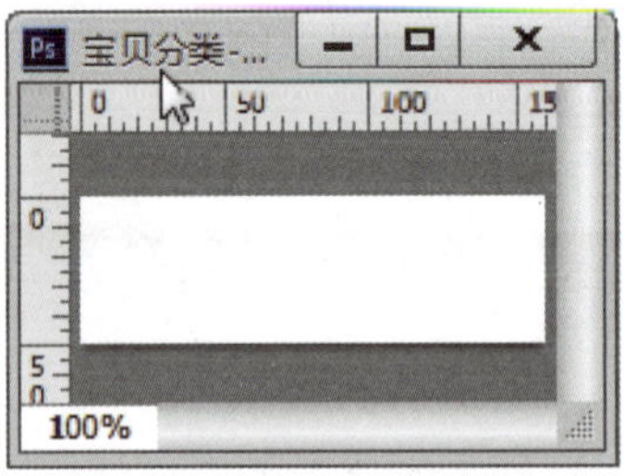

图 5-26　“新建”空白文档

2. 新建图层 1，命名为“按钮”，选择 （圆角矩形工具），设置“工具模式”命令为“像素”，“半径”为 5 像素，设置前景色为蓝色[RGB（0、103、146）]，在文档中绘制蓝色圆角矩形，如图 5-27 所示。

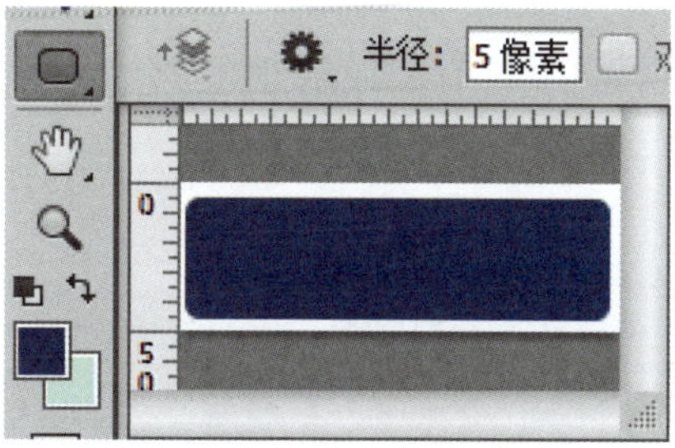

图 5-27　绘制圆角矩形

3. 在圆角矩形的右上角处绘制一个选区，按 Delete 键清除选区内容，如图 5-28 所示。

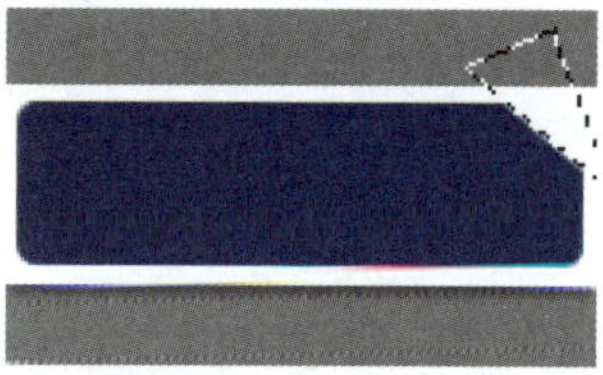

图 5-28　清除选区内容

4. 执行菜单中“图层/图层样式/描边、投影和渐变叠加”命令，分别打开“描边”、“渐变叠加”和“投影”对话框，其中的参数值设置如图 5-29 所示。

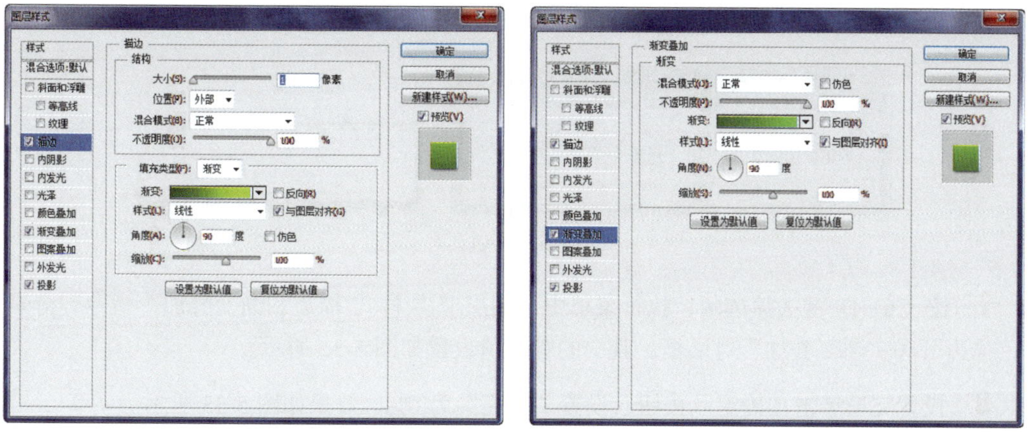

图 5-29　设置图层样式

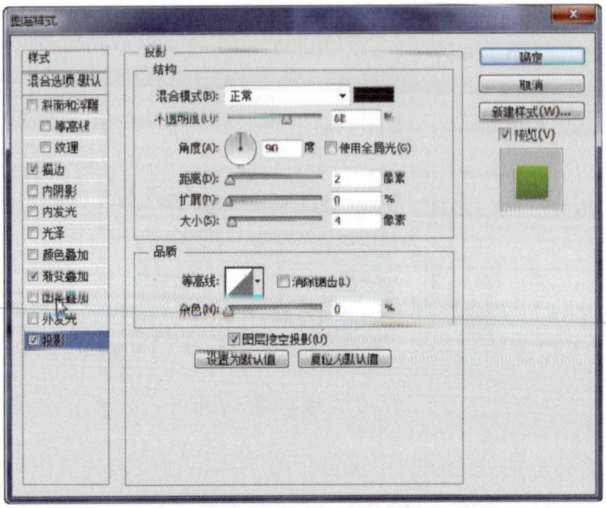

图 5-29　设置图层样式（续图）

5. 设置完毕单击“确定”按钮，效果如图 5-30 所示。

图 5-30　添加图层样式

6. 按住 Ctrl 键点击“按钮”图层的缩略图，调出选区后，执行菜单中“选择/修改/收缩”命令，设置“收缩量”为 2，新建图层命名为“透明”，将选区填充为“白色”，如图 5-31 所示。

图 5-31　填充

7. 按 Ctrl+D 键去掉选区，执行菜单中“图层/图层样式/描边和渐变叠加”命令，分别打开“描边”和“渐变叠加”对话框，其中的参数值设置如图 5-32 所示。

8. 设置完毕单击“确定”按钮，设置“填充”为 0%，效果如图 5-33 所示。

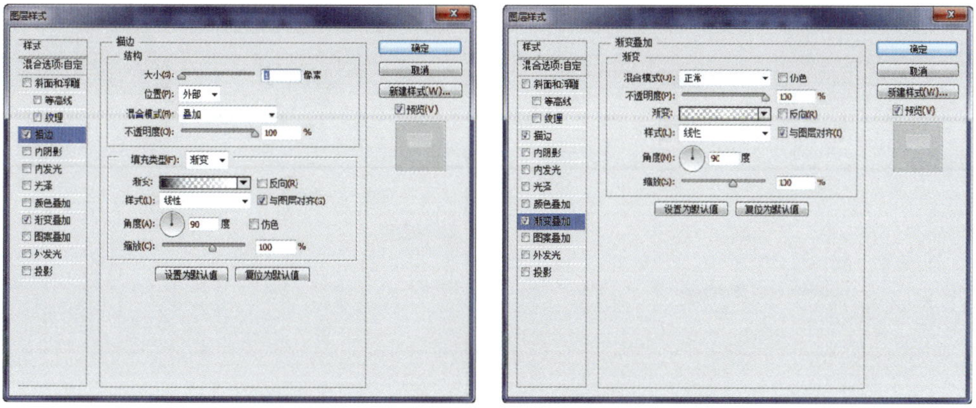

图 5-32　设置图层样式

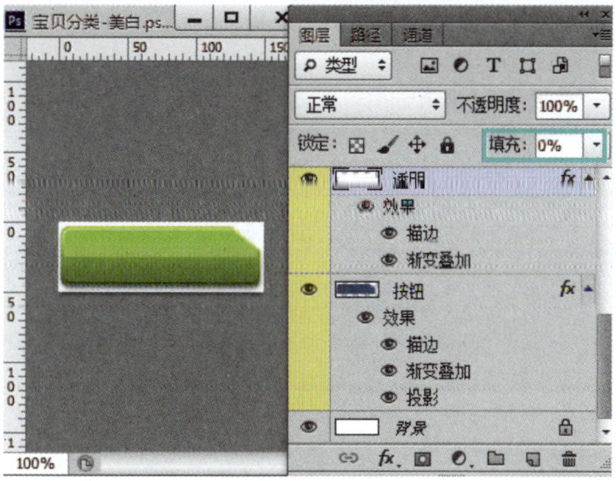

图 5-33　设置填充

9. 新建图层，命名为“标签”，在圆角矩形的左上角处绘制选区填充颜色，如图 5-34 所示。

图 5-34　绘制选区填充颜色

10. 按 Ctrl+D 键去掉选区，执行菜单中“图层/图层样式/内阴影和渐变叠加”命令，分别打开“内阴影”和“渐变叠加”对话框，其中的参数值设置如图 5-35 所示。

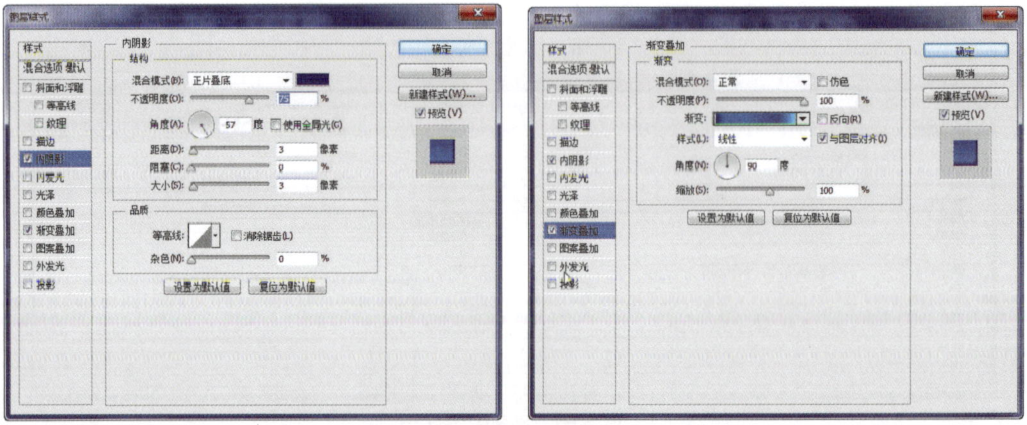

图 5-35 设置图层样式

10. 设置完毕单击“确定”按钮，新建一个图层，命名为“线”，在标签上绘制白色线条，设置“混合模式”命令为“叠加”，效果如图 5-36 所示。

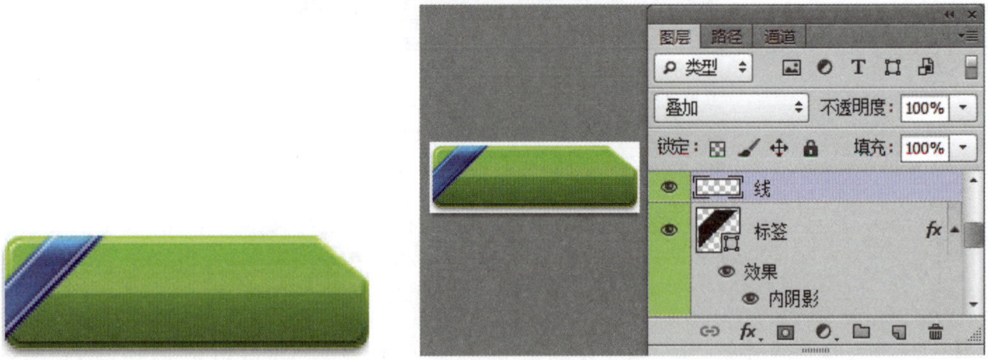

图 5-36 添加图层样式绘制直线

11. 在“按钮”图层上键入文字，执行菜单中“图层/图层样式/内阴影、内发光、渐变叠加、外发光和投影”，分别打开“内阴影、内发光、渐变叠加、外发光和投影”对话框，其中的参数值设置如图 5-37 所示。

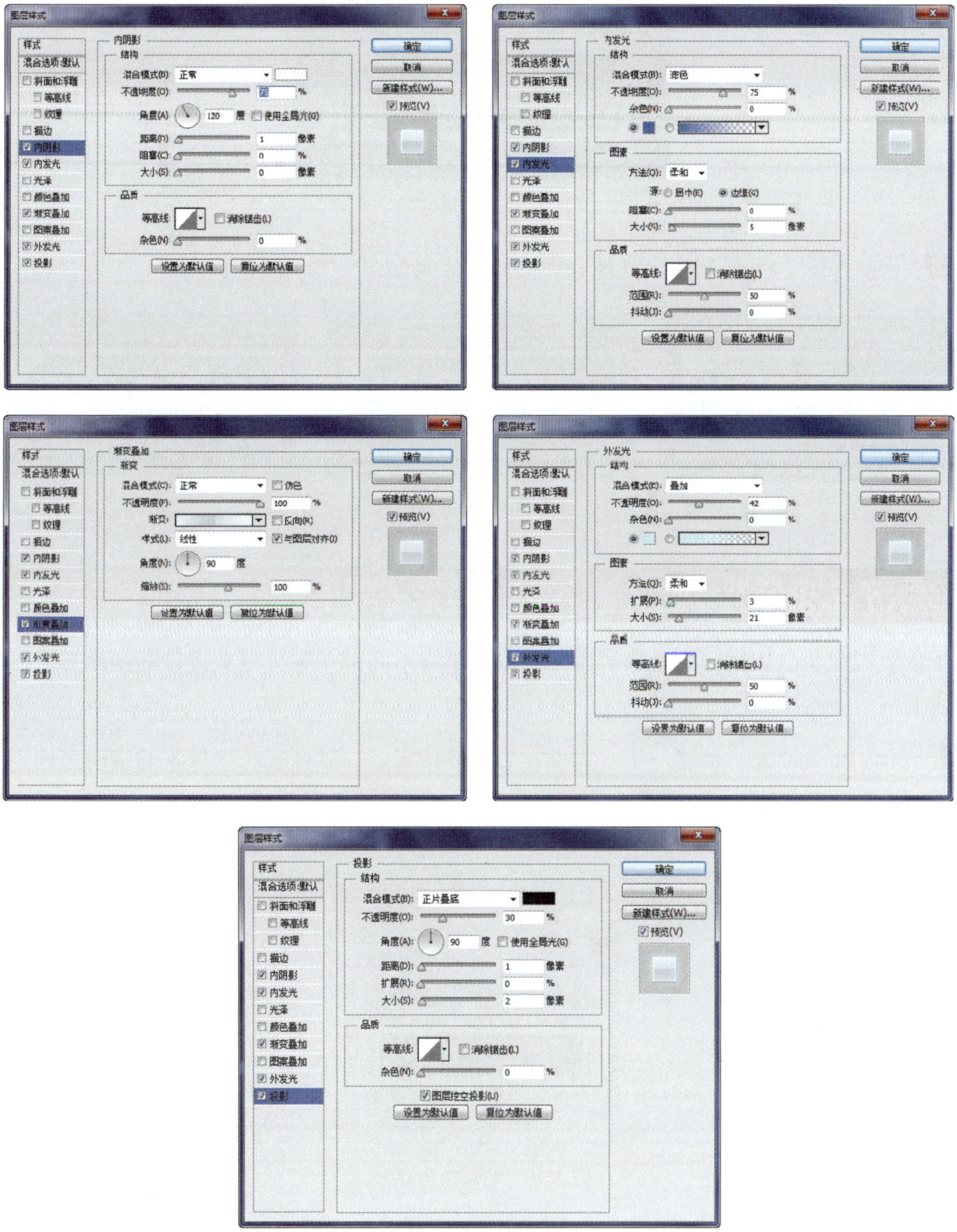

图 5-37　图层样式

12. 设置完毕单击“确定”按钮，至此本例效果如图 5-38 所示。

图 5-38　宝贝分类

13. 使用同样的方法制作出其他分类按钮，效果如图 5-39 所示。

图 5-39　宝贝分类

5.3.2　子宝贝分类设计

下面就以化妆品店铺作为装饰对象为大家讲解一下旺铺子宝贝分类设计的制作方法，具体操作如下。

1. 启动 Photoshop，新建一个"宽度"为 150 像素、"高度"为 35 像素的空白文档，新建图层 1，命名为"按钮"，选择（圆角矩形工具）设置"工具模式"命令为"像素"、"半径"为 5 像素，设置前景色为蓝色［RGB（0、103、146）］，在文档中绘制蓝色圆角矩形如图 5-40 所示。

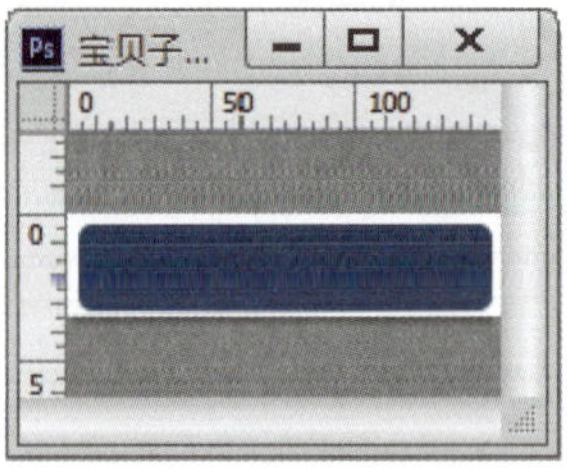

图 5-40　绘制圆角矩形

2. 在圆角矩形的右上角处绘制一个选区，按 Delete 键清除选区内容，按 Ctrl+D 键去掉选区，执行菜单中"图层/图层样式/渐变叠加"命令，打开"渐变叠加"对话框，其中的参数值设置如图 5-41 所示。

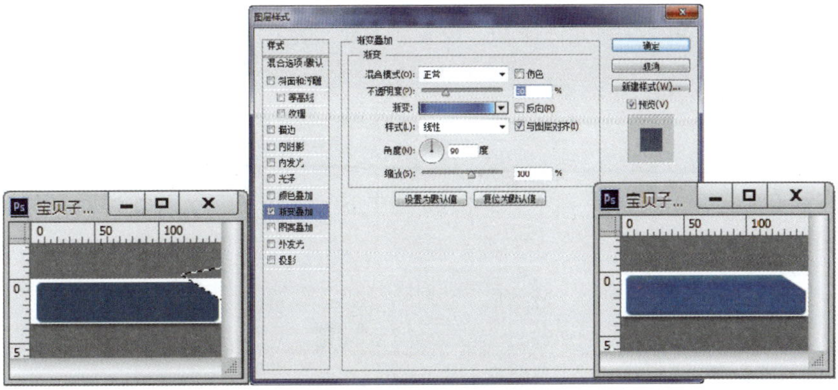

图 5-41　清除选区内容添加“渐变叠加”

3. 按住 Ctrl 键点击“按钮”图层的缩略图，调出选区后，执行菜单中“选择/修改/收缩”命令，设置“收缩量”为 2，新建图层，命名为“透明”，将选区填充为“白色”，如图 5-42 所示。

图 5-42　填充

4. 按 Ctrl+D 键去掉选区，执行菜单中“图层/图层样式/描边和渐变叠加”命令，分别打开“描边”和“渐变叠加”对话框，其中的参数值设置如图 5-43 所示。

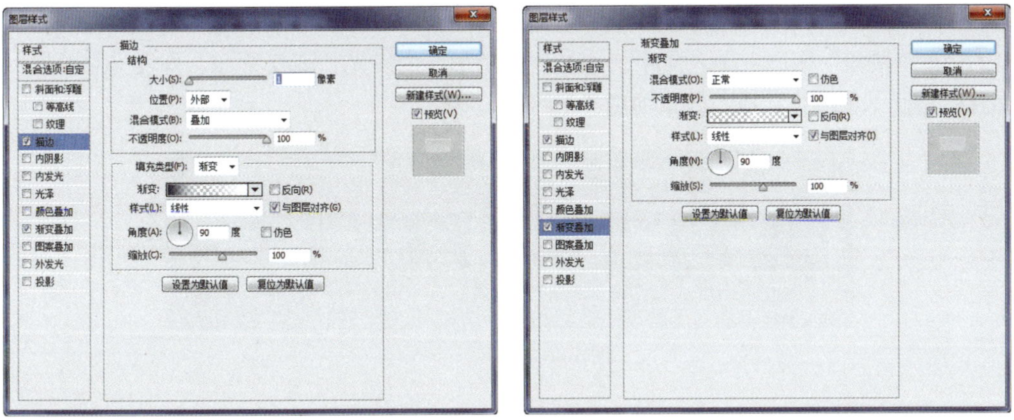

图 5-43　设置图层样式

5. 设置完毕单击“确定”按钮，设置“填充”为 0%、“不透明度”为 33%，效果如图 5-44 所示。

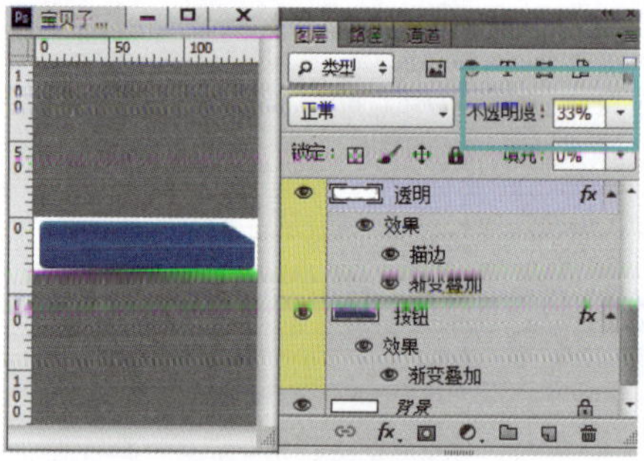

图 5-44　设置

6. 新建一个图层命名为“线”，在标签上绘制白色线条，设置“混合模式”为“叠加”，效果如图 5-45 所示。

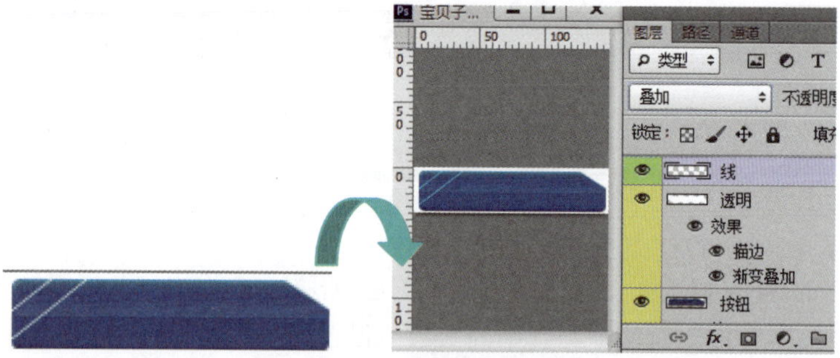

图 5-45　添加图层样式绘制直线

7. 在“按钮”图层上键入文字，添加“内阴影、内发光、渐变叠加、外发光和投影”图层样式，至此本例制作完成，效果如图 5-46 所示。

图 5-46　宝贝子分类

5.4　右侧自定义促销区设计与制作

以淘宝网为例，店面中的右侧自定义促销区“宽度”为 750 像素、“高度”可以按照布局的样式自行设置。

下面就以化妆品店铺作为装修对象为大家讲解一下旺铺右侧自定义促销区设计与制作方法，具体操作如下。

1. 启动 Photoshop，新建一个“宽度”为 750 像素、“高度”为 450 像素、“分辨率”为 72 像素/英寸的空白文档，设置“前景色”为 RGB（207、251、255）、“背景色”为 RGB（147、243、240），使用（渐变工具）从中心向外拖动鼠标填充从前景色到背景色的径向渐变色，效果如图 5-47 所示。

图 5-47　新建文档填充渐变色

2. 在互联网中找到一张“气泡”素材，将其移动到“右侧自定义促销区设计与制作”文档中，设置“混合模式”选项为“滤色”，效果如图 5-48 所示。

图 5-48　移入素材设置混合模式

3. 复制图层 1，执行菜单中“滤镜/模糊/动感模糊”命令，打开“动感模糊”对话框，其中的参数值设置如图 5-49 所示。

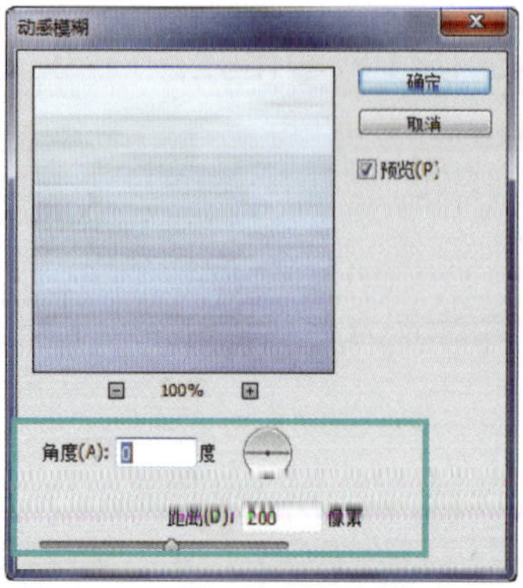

图 5-49 “动感模糊”对话框

3. 设置完毕单击“确定”按钮，设置“不透明度”为 46%，效果如图 5-50 所示。

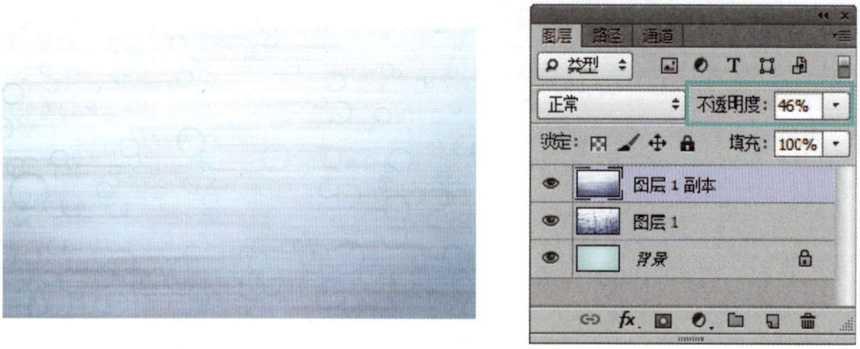

图 5-50 模糊后调整不透明度

4. 在互联网中找到一张矢量图和一张化妆品素材图片，如图 5-51 所示。

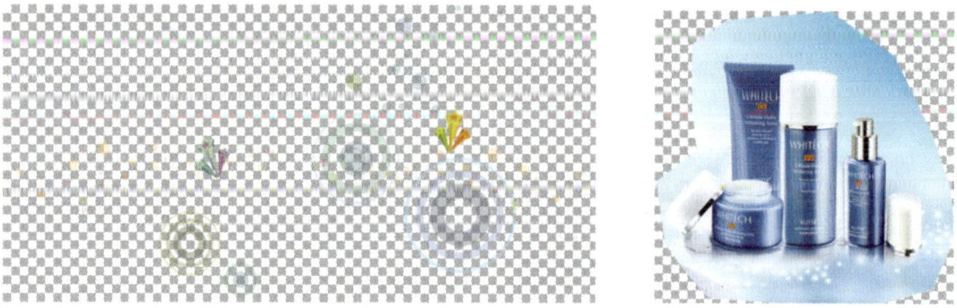

图 5-51 素材

5. 将素材拖曳到当前文档中，分别为两个图层设置“混合模式”和“添加图层蒙版”，使用（画笔工具）在蒙版中涂抹黑色，使化妆品图片融合到整体中，如图 5-52 所示。

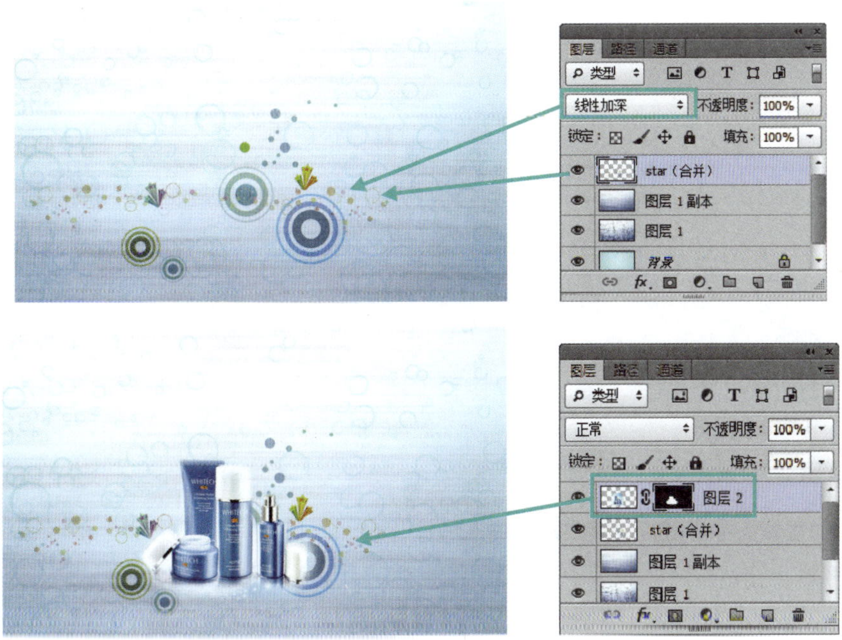

图 5-52　编辑

6. 在互联网中找到一张美女图片和两张蝴蝶素材图片，如图 5-53 所示。

图 5-53　素材

7. 将找到的素材拖曳到当前文档中，调整图片所在的位置，效果如图 5-54 所示。

图 5-54 移入素材

8. 将之前制作“店招”时的左上角图标拖动到当前文档中，双击 LOGO 图层中的“外发光”图层样式，根据图片的整体色调改变外发光效果，设置完毕单击“确定”按钮，效果如图 5-55 所示。

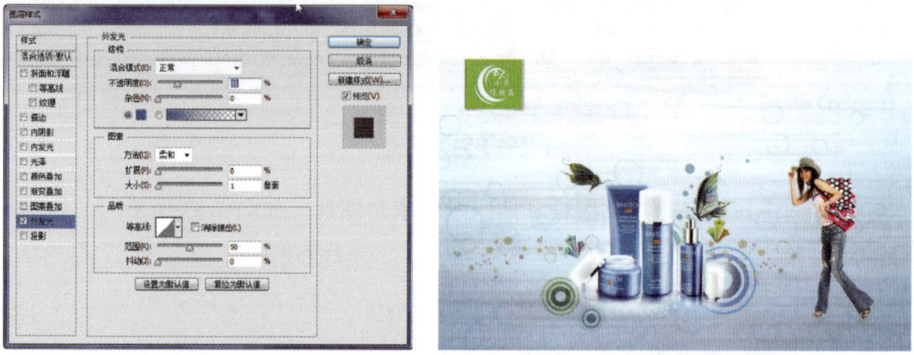

图 5-55 更改外发光

9. 使用 T （横排文字工具）选择一种与广告相对应的字体后，在页面上键入文字，如图 5-56 所示。

图 5-56 键入文字

10. 执行菜单中“图层/图层样式/描边和投影”命令，分别打开“描边”和“投影”对话框，其中的参数值设置如图 5-57 所示。

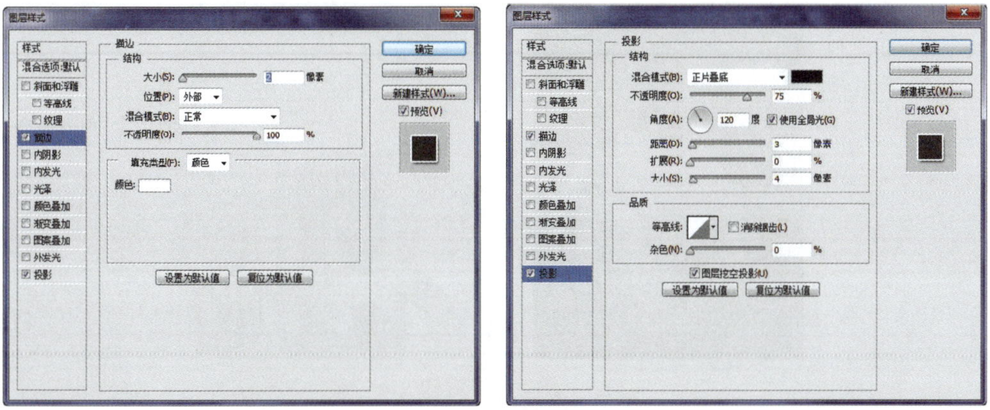

图 5-57　图层样式

11. 设置完毕单击“确定”按钮，至此本例制作完毕，效果如图 5-58 所示。

图 5-58　右侧自定义促销区设置与制作

5.5　左侧自定义促销区设计与制作

以淘宝网为例，店面中的左侧自定义促销区“宽度”为 190 像素、“高度”可以按照布局的样式自行设置。

下面就以化妆品店铺作为案例为大家讲解一下旺铺左侧自定义促销区设计与制作方法，具体操作如下。

1. 启动 Photoshop 新建一个"宽度"为 190 像素、"高度"为 450 像素、"分辨率"为 72 像素/英寸的空白文档，打开两张化妆品素材图片，如图 5-59 所示。

图 5-59　素材

2. 使用（移动工具）将化妆品素材中的图片拖曳到新建的文档中，效果如图 5-60 所示。

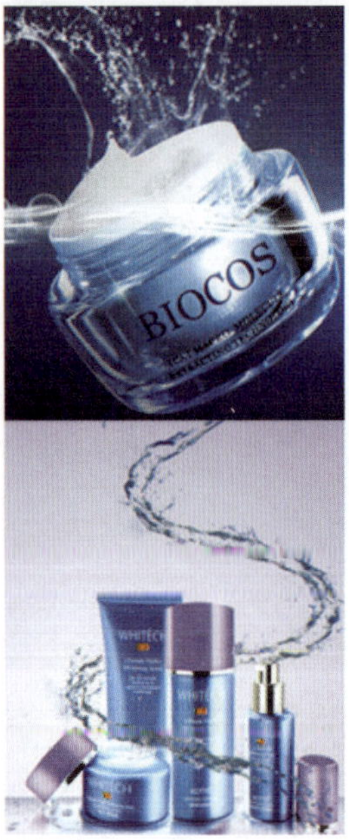

图 5-60　移入素材

3. 新建一个图层，在两个素材交汇点位置处绘制一个小矩形，复制矩形直到水平连成一串为止，效果如图 5-61 所示。

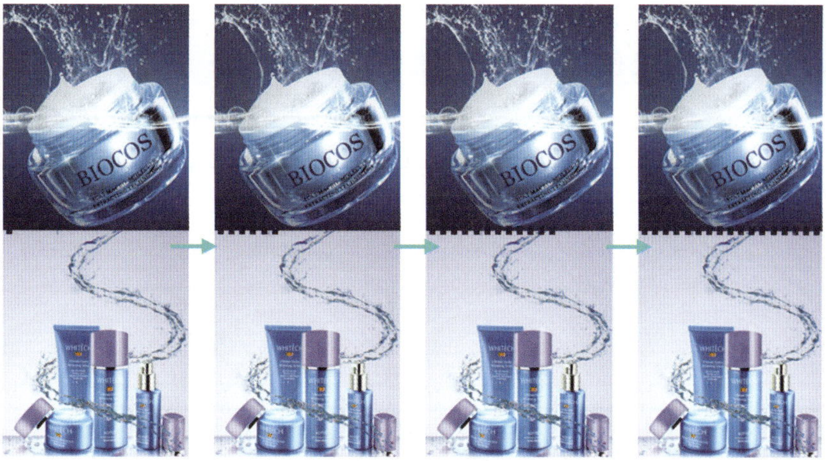

图 5-61　绘制矩形

4. 使用T（横排文字工具）选择一种与广告相对应的字体后，在图片上键入文字，如图 5-62 所示。

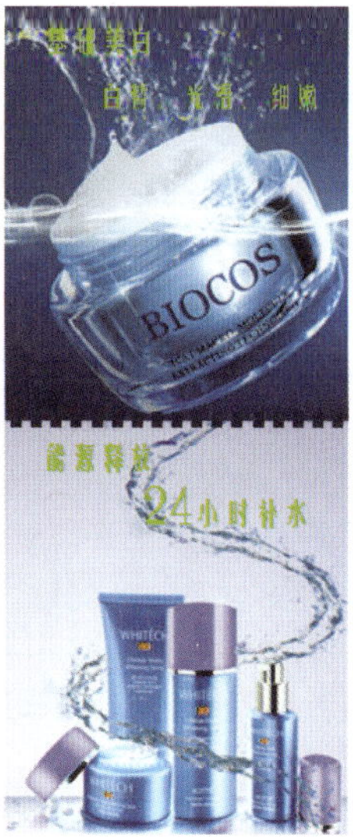

图 5-62　键入文字

5. 执行菜单中“图层/图层样式/描边和外发光”命令，分别打开“描边”和“外发光”对话框，其中的参数值设置如图 5-63 所示。

6. 设置完毕单击“确定”按钮，至此本例制作完毕，效果如图 5-64 所示。

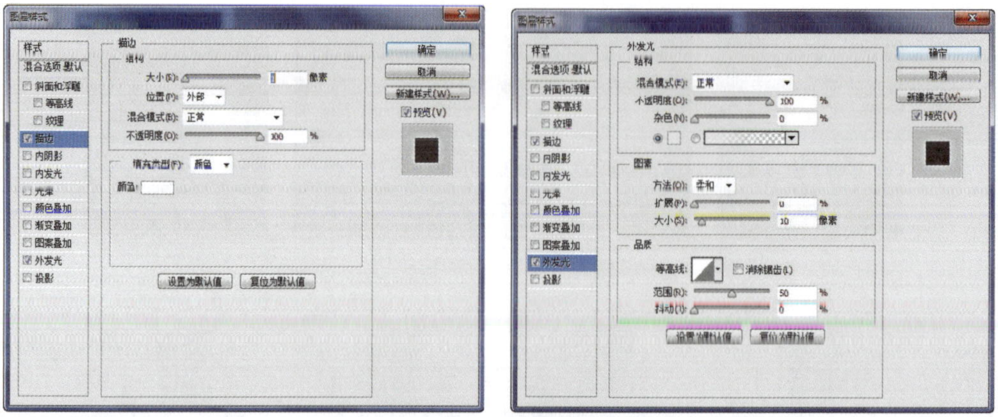

图 5-63　图层样式

图 5-64　左侧自定义促销区设置与制作

5.6　店铺收藏图片与联系我们图片设计与制作

以淘宝网为例，如果想把店铺收藏和联系我们都放置到左侧的话，宽度设置必须为 190 像素，高度可以按照自己的设计布局自行设定。

5.6.1　店铺收藏图片设计与制作

下面就以化妆品店铺作为装修对象为大家讲解一下旺铺店铺收藏图片设计与制作方法，具体操作如下。

1. 启动 Photoshop，新建一个“宽度”为 190 像素、“高度”为 110 像素的空白文档。

2. 打开一张创意图片素材并将其移动到店铺收藏文档中，调整大小与位置，如图 5-65 所示。

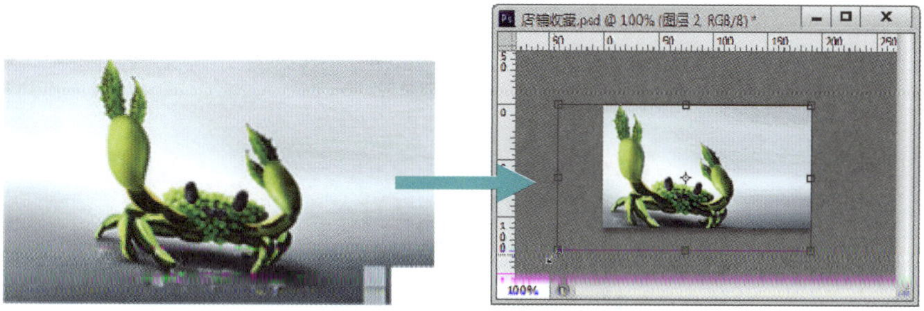

图 5-65　移入素材

3. 按回车键确定后使用 T（横排文字工具）在文档的右部偏下位置键入不同颜色的文字，如图 5-66 所示。

图 5-66　键入文字

4. 执行菜单中“图层/图层样式/描边、外发光”命令，分别打开“描边”和“外发光”对话框，参数值设置如图 5-67 所示。

5. 设置完毕单击“确定”按钮，至此本例制作完毕，效果如图 5-68 所示。

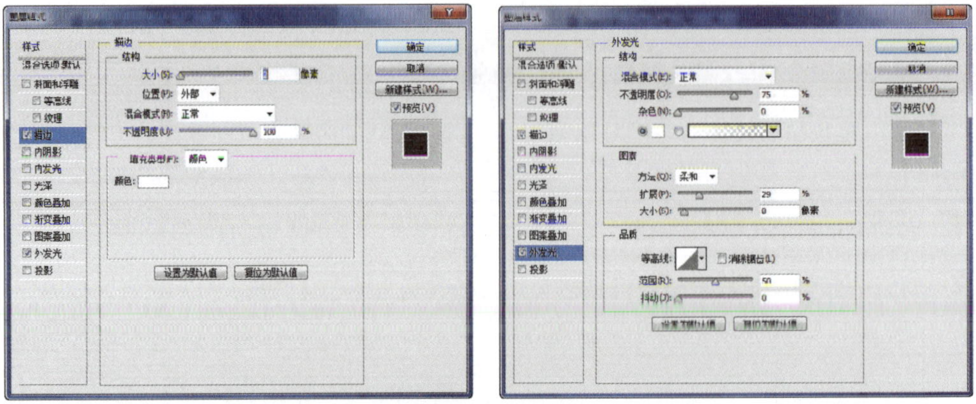

图 5-67　图层样式

图 5-68　最终效果

5.6.2　联系我们图片设计与制作

下面就以化妆品店铺作为装修对象，为大家讲解一下旺铺中联系我们图片设计与制作方法，具体操作如下。

1. 启动 Photoshop，新建一个“宽度”为 190 像素、“高度”为 110 像素的空白文档，将“前景色”设置为 RGB（214、253、110），按 Alt+Delete 键为文档填充前景色，如图 5-69 所示。

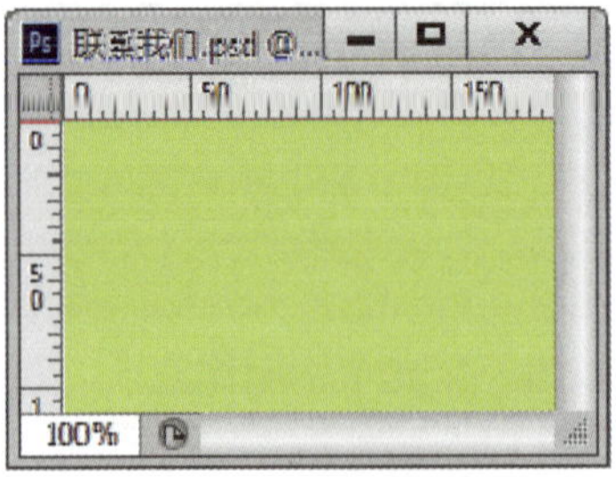

图 5-69　新建文档填充颜色

2. 在互联网中下载一张按钮图片，并将其移动到新建文档中，如图 5-70 所示。

3. 使用T（横排文字工具）选择正式一点的文字字体，在文档中相应位置键入文字，如图 5-71 所示。

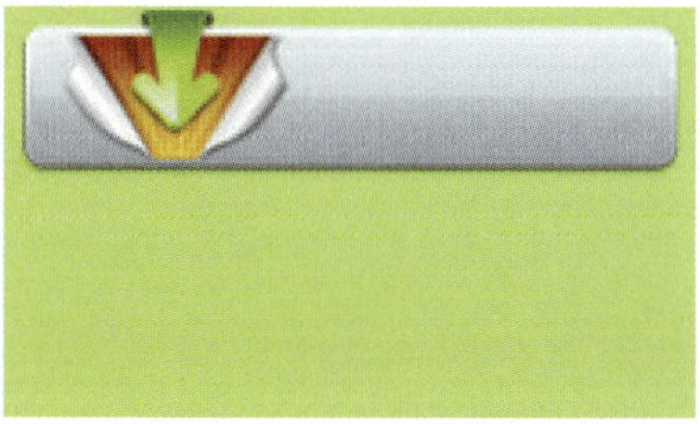

图 5-70　移入素材

图 5-71　键入文字

4. 执行菜单中“图层/图层样式/渐变叠加、投影”命令，分别打开“渐变叠加”和“投影”对话框，参数值设置如图 5-72 所示。

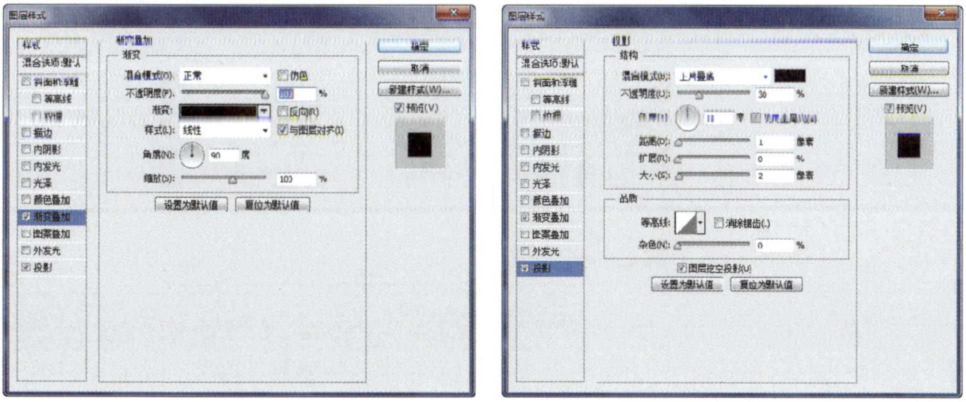

图 5-72　图层样式

5. 设置完毕单击“确定”按钮，至此本例制作完毕，效果如图 5-73 所示。

图 5-73　最终效果

5.7 焦点图图片设计与制作

以淘宝网为例，焦点图就是店铺中的轮播图，需要两张图片以上，在店铺中主要起到宣传和吸引买家眼球的作用，焦点图的大小可以按照宽度进行归类，主要包含 950 像素、750 像素、550 像素和 190 像素四种。

下面就以化妆品店铺作为案例为大家讲解一下旺铺焦点图图片设计与制作方法，具体操作如下。

5.7.1 焦点图 1

1. 启动 Photoshop，新建一个“宽度”为 950 像素、“高度”为 550 像素的空白文档，打开一张化妆品素材图片，将其拖曳到新建文档中，如图 5-74 所示。

图 5-74　移入素材

2. 复制化妆品所在的图层，执行菜单中“编辑/变换/水平翻转”命令，为其添加图层蒙版，并使用（渐变工具）为副本图层编辑蒙版，效果如图 5-75 所示。

图 5-75　编辑蒙版

3. 打开一张没有背景的模特素材图片，将其拖曳到“焦点图”文档中，效果如图 5-76 所示。

图 5-76　移入素材

4. 使用 T（横排文字工具）选择合适的文字字体，在文档中相应位置键入文字，如图 5-77 所示。

图 5-77　键入文字

5. 执行菜单中“图层/图层样式/描边、外发光”命令，分别打开“描边”和“外发光”对话框，参数值设置如图 5-78 所示。

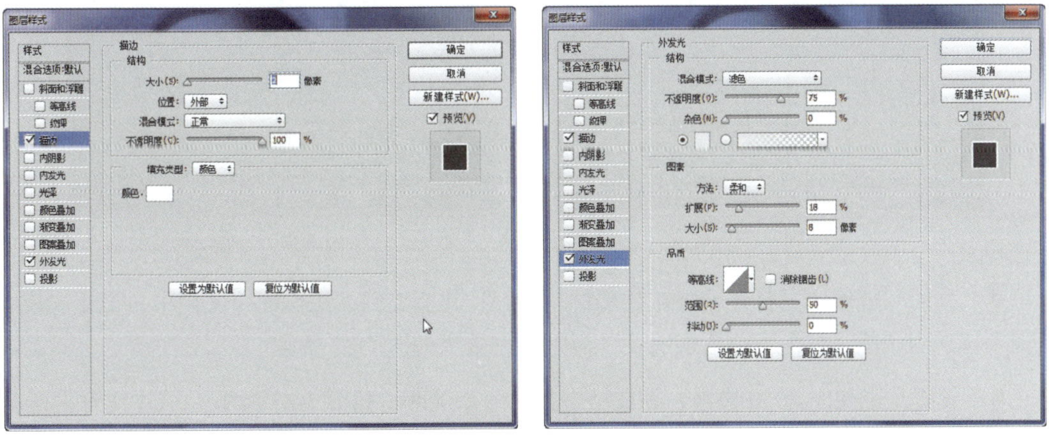

图 5-78　图层样式

6. 设置完毕单击“确定”按钮，将之前制作“右侧自定义促销设计与制作”时的左上角图标拖动到当前文档中，至此本例制作完毕，效果如图 5-79 所示。

图 5-79　最终效果

5.7.2　焦点图 2

1. 启动 Photoshop，新建一个“宽度”为 950 像素、“高度”为 550 像素、“分辨率”为 72 像素/英寸的空白文档，设置“前景色”为 RGB（83、199、181）、“背景色”为 RGB（17、76、165），使用（渐变工具）从中心向外拖动鼠标填充从前景色到背景色的径向渐变色，效果如图 5-80 所示。

2. 复制背景图层，按 Ctrl+T 键调出变换框，拖动控制点将图片缩小，效果如图 5-81 所示。

图 5-80　填充渐变

图 5-81　变换

3. 按回车键确定。打开一张花纹素材图片，将其拖曳到“焦点图”文档中，设置“混合模式”选项为“颜色加深”、“不透明度”为 15%，效果如图 5-82 所示。

4. 设置“羽化”为 50 像素，在文档中创建一个选区，如图 5-83 所示。

图 5-82　移入素材

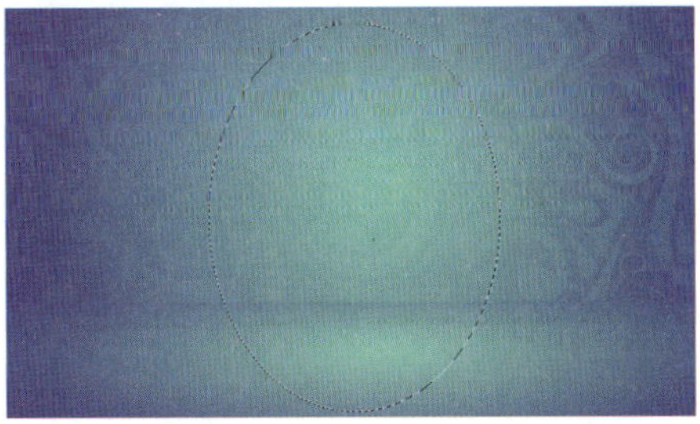

图 5-83　创建选区

5. 执行菜单中“图层/创建调整图层/色阶”命令，单击对话框中的“确定”按钮，直接在“属性”面板中调整参数值，如图 5-84 所示。

图 5-84　“属性”面板

6. 在网上找到一些花纹、水波纹和化妆品素材，如图 5-85 所示。

图 5-85　素材

7. 将素材拖曳到“焦点图”文档中，调整图层的“不透明度”以及“混合模式”，使图片融合在一起，如图 5-86 所示。

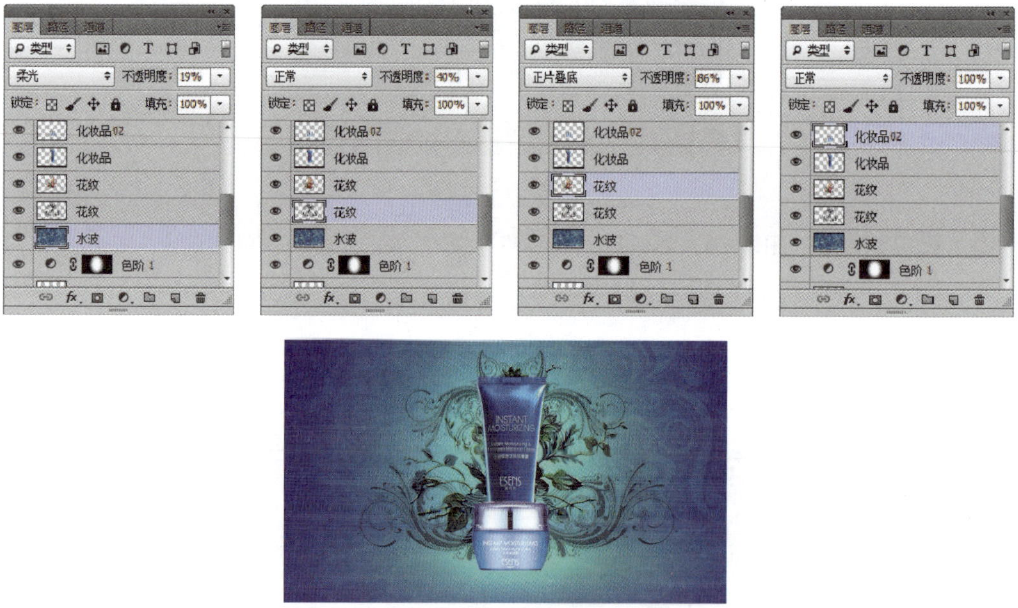

图 5-86　移入素材

8. 复制“化妆品 02”图层，执行菜单中“图层/变换/垂直翻转”命令，如图 5-87 所示。

图 5-87　垂直翻转

9. 为图层添加“图层蒙版”命令，使用（渐变工具）对蒙版进行从白色到黑色的线性渐变编辑，如图 5-88 所示。

图 5-88　编辑蒙版

10. 绘制一个绿色矩形，将左上角调整为蓝色，在上面键入文字，如图 5-89 所示。

11. 将之前制作“右侧自定义促销设计与制作”时的左上角图标拖动到当前文档中，至此本例制作完毕，效果如图 5-90 所示。

图 5-89　绘制矩形键入文字

图 5-90　最终效果

第 6 章

店铺装修实战与推广

本章指导

- 改变店铺名称
- 替换店标
- 统一店铺的样式
- 更换店标
- 通栏店招的使用
- 焦点图的应用
- 自定义广告的应用
- 宝贝分类的应用
- 店铺收藏的应用
- 联系我们的应用
- 手机淘宝的店招应用
- 店铺推广

本章主要为大家介绍将之前设计制作的装修元素，替换或应用到网店中完成最终的装修效果，使网店能够正常运营。本次装修我们将之前制作的一个职业装店铺转换为化妆品网店，很多操作都是在原有网店中进行替换，以及介绍一些店铺推广的常用手法。

6.1　改变店铺名称

重新改变店铺定位，首先要改变店铺名称，具体替换方法如下。

1. 在淘宝中执行菜单中“卖家中心”命令，进入后台，执行菜单中“我是卖家/店铺管理/店铺基本设置”命令，进入“店铺基本设置”页面。

2. 在店铺名称后面直接键入要更改的名称，如图 6-1 所示。

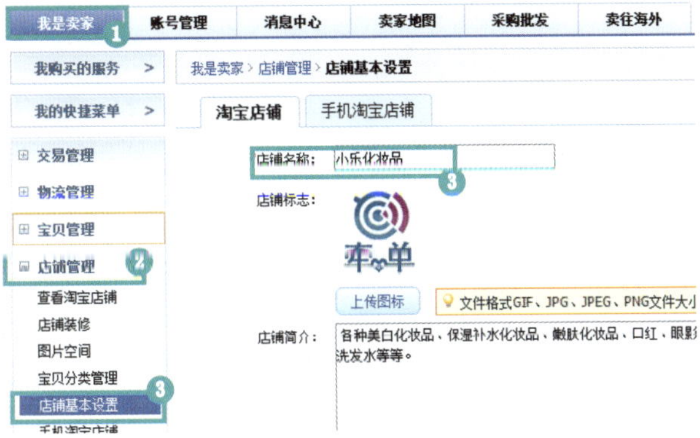

图 6-1　键入店名

3. 设置完毕后，单击页面下面的“保存”按钮，如图 6-2 所示。

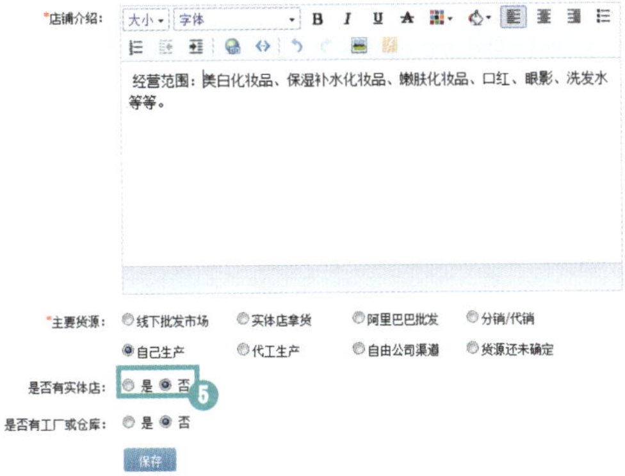

图 6-2　更改店名

3. 此时再进入该店铺就能看到已经更改的店名，如图 6-3 所示。

图 6-3　新店名

> **提示** 随着不断地完善“旺铺专业版”，已经省掉了很多不必要的操作，比如老版本中更改店名需要单击“店铺名称”后面的“店名只能通过淘字号修改”，如图 6-4 所示。

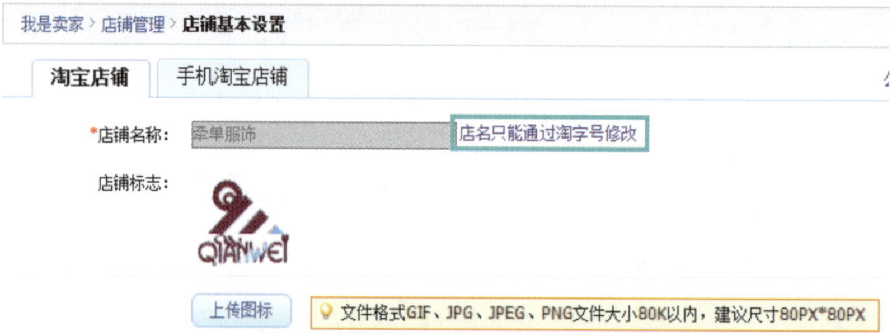

图 6-4　老版本中更改店名

6.2　替换店标

在我们注册的流程中会出现上传店标和设置“店铺名称”、“店铺简介”、“经营类型”等信息，如图 6-5 所示。店铺运营成功后，我们对之前的店标感到不满意，想更换一个，我们只要将设计好的静态或动态店标准备好，具体替换方法如下。

图 6-5　添加参数

1. 执行菜单中“卖家中心”命令，进入后台，再执行菜单中“我是卖家/店铺管理/店铺基本设置”命令，进入“店铺基本设置”页面，此时能够看到之前店铺的店标，单击店标下面的“上传图标”按钮，如图 6-6 所示。图标支持的文件格式为 GIF、JPG、JPEG、PNG。

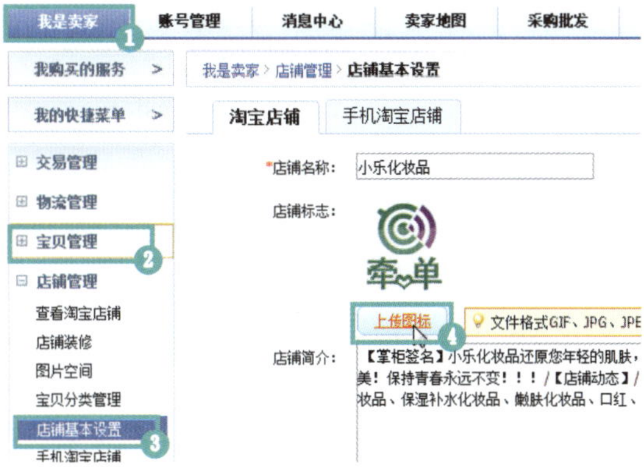

图 6-6　选择按钮

2. 单击“上传图标”按钮后，系统会弹出“打开”对话框，选择第 5 章中设计制作的“店标.jpg”格式店标，如图 6-7 所示。

图 6-7　选择

3. 选择完毕后单击“打开”按钮，即可将之前的店标替换，如图 6-8 所示。

图 6-8　替换的店标

4. 此时在淘宝中搜索店铺便可以看到新设置的店标效果，如图 6-9 所示。

图 6-9　店标

6.3　统一店铺的样式

在网店装修之前首先要做的是将店铺整体颜色风格样式进行统一，这样能够在视觉上给买家一种色调的冲击，还能为进一步装修提供参考。店铺以经营围巾为主，所以将暖色作为整体的色调，之前在设计元素时使用的是黄色，能够与黄色搭配的暖色颜色有红色和橘色，红色太过艳丽，因此选择橘色作为整体风格颜色，颜色风格的设置操作如下。

1. 进入淘宝后台，执行菜单中“店铺管理/店铺装修”命令，进入“店铺装修”页面，执行菜单中“装修/样式管理”命令，如图 6-10 所示。

图 6-10　装修页面

提示

刚创建的店铺为“旺铺基础版”，只要在店铺右上角处单击“升级到专业版”，即可将自己的店铺变为“旺铺专业版”。

2. 单击“样式管理”命令后，在“样式编辑”选项下面执行“选择配色”命令，此时右边会出现淘宝提供的配色方案，这里选择“苹果绿”方案，设置完毕先单击“保存”，再单击“发布”按钮，即可应用配色，如图 6-11 所示。

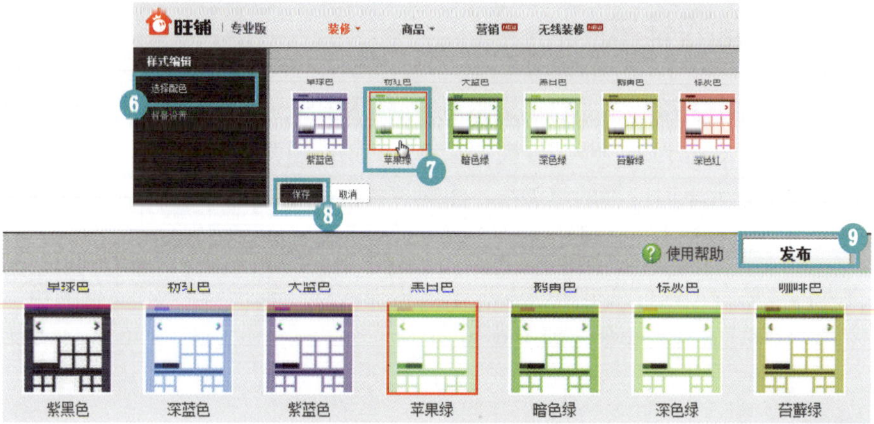

图 6-11 选择配色

3. 单击“发布”按钮后，此时发现之前的配色方案已经重新调整，效果如图 6-12 所示。

图 6-12 替换原来的配色

6.4 更换店招

不同的店铺应该有不同的与之对应的店招。好的店招不但可以增加网店吸引力，而且能够增加整体销量，本节为大家讲解如何在装修店铺中添加已经设计制作好的店招。

下面就以化妆品店铺作为装修对象为大家讲解一下在淘宝店铺中更换设计制作好的店招方法，具体操作如下。

1. 启动 Photoshop，将之前设计的“店招”储存为 JPG 格式备用，储存时尽量压缩文件。进入淘宝后台，执行菜单中“店铺管理/店铺装修”命令，进入“店铺装修”页面，执行菜单中“装修/页面管理”命令，选择“页面编辑”选项，如图 6-13 所示。

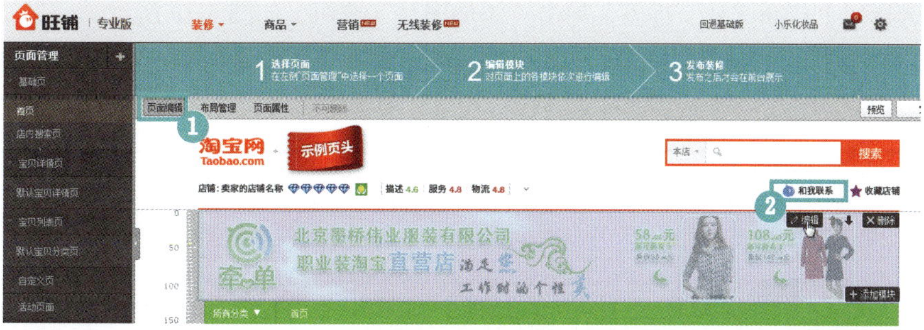

图 6-13　装修界面

2. 选择右侧“编辑”按钮，进入“店铺招牌”对话框，如图 6-14 所示。

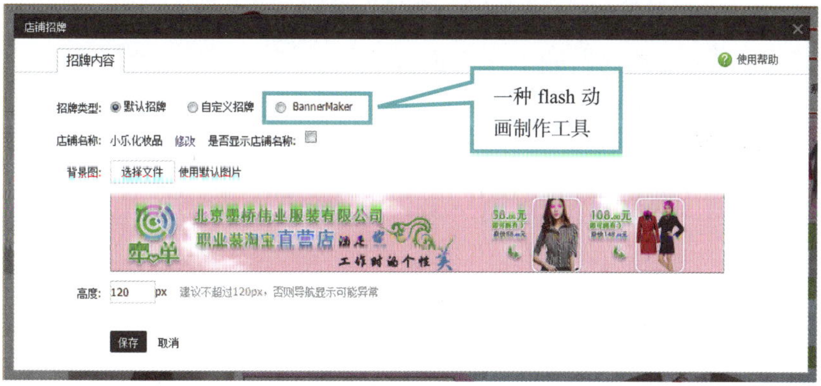

图 6-14　“店铺招牌”对话框

3. 设置相应参数后，单击“选择文件”按钮，如图 6-15 所示。

图 6-15　店铺招牌

4. 选择“上传新图片”标签，单击“添加图片”按钮，如图 6-16 所示。

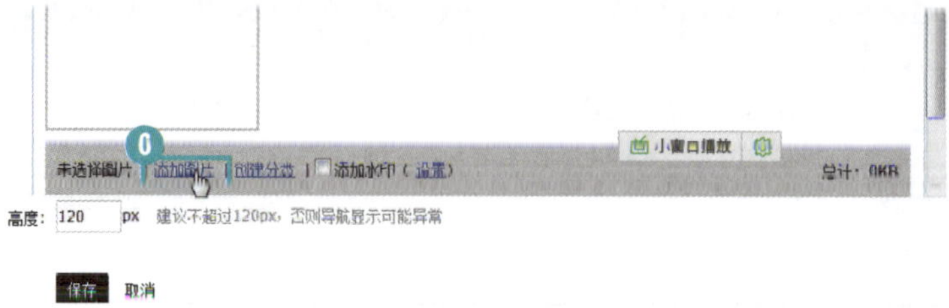

图 6-16　上传图片

5. 打开“选择要上传的图片”对话框，找到之前制作的“店招”图片，如图 6-17 所示。

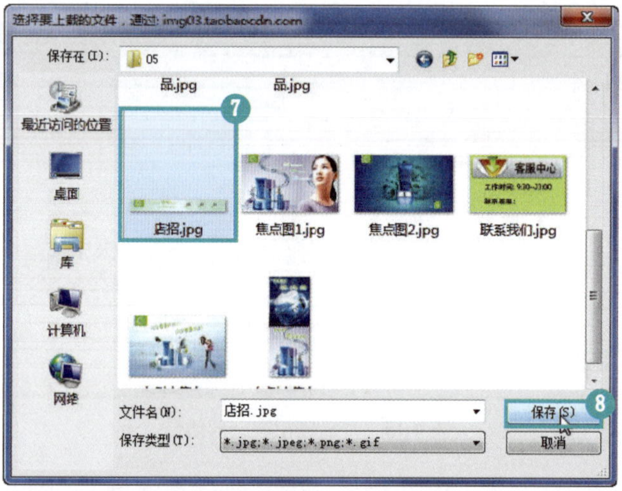

图 6-17　上传图片

6. 设置完毕单击“保存”按钮，此时可以看到图片名称，再单击“插入”按钮，即可将图片成功上传，如图 6-18 所示。

7. 此时在“店铺招牌”对话框中可以看到预览效果，如图 6-19 所示。

8. 单击“保存”按钮，此时完成店招的装修，如图 6-20 所示，单击“发布”按钮，即可查看最终效果，如图 6-21 所示。

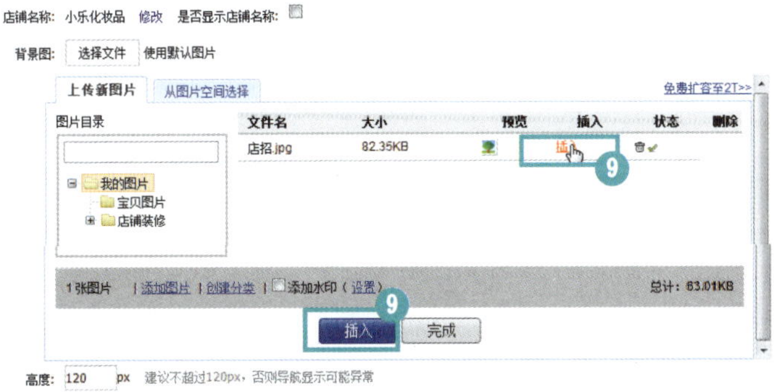

图 6-18　插入

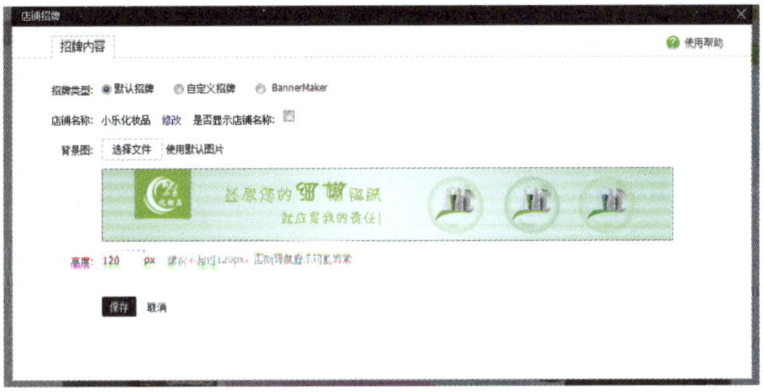

图 6-19　上传成功

图 6-20　装修后的店招

图 6-21　最终效果

6.5 通栏店招的使用

下面就以化妆品店铺作为装修对象为大家讲解一下通栏店招的使用方法，具体操作如下。

1. 打开之前装修的网店页面，通过抓图软件将店招和导航的局部进行抓图，这里我们可以使用 qq 抓图，在边缘处抓图，这样可以将边缘作为背景使店招看起来具有整体性，如图 6-22 所示。

图 6-22　抓图

2. 将抓图进行保存，进入“页面管理”页面，执行菜单中“装修/样式管理”命令，如图 6-23 所示。

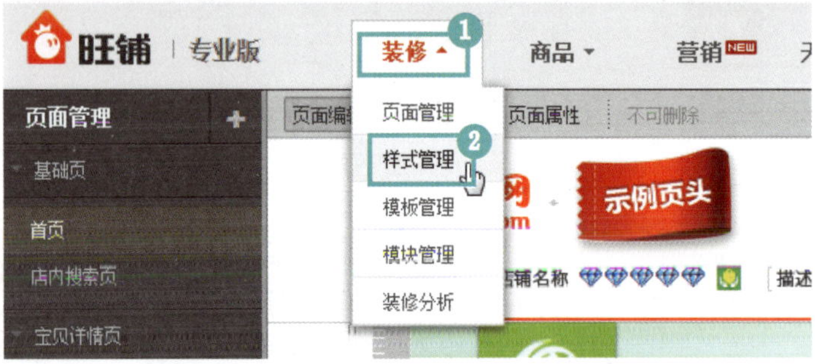

图 6-23　装修页面

3. 单击“样式管理”命令后，在“样式编辑”页面中执行“背景设置”命令，选择“页头设置”标签，其中的参数值设置如图 6-24 所示。

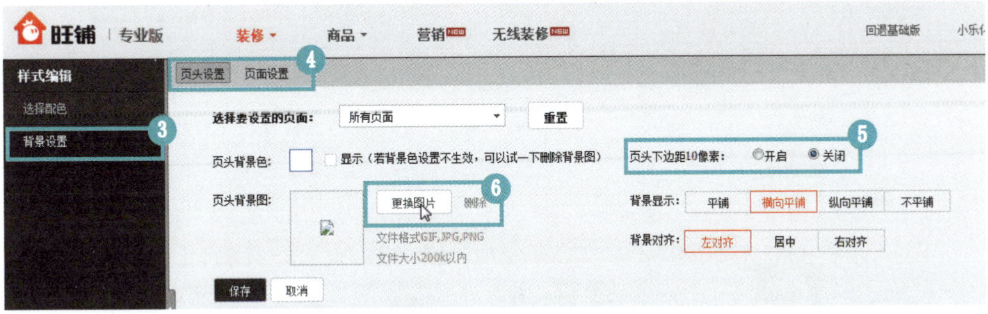

图 6-24　背景设置

提示

“页头下边距 10 像素”选项是指导航与下面模块之间的距离，如果选择“开启”，就会在导航与模块之间出现一个 10 像素的缝隙；如果选择“关闭”，就会将导航与模块紧密连在一起。

4. 单击“更换图片”按钮，在弹出的“选择要加载的文件”对话框中，选择图片“店招背景”，如图 6-25 所示。

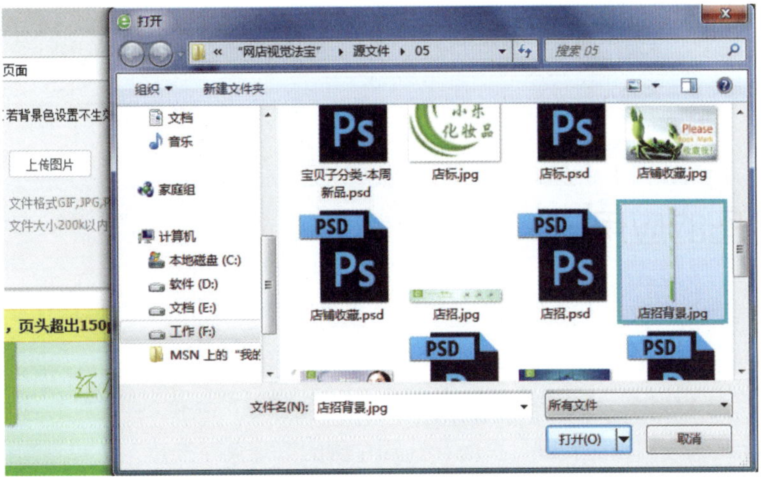

图 6-25　选择图片

5. 单击“打开”按钮，设置参数，如图 6-26 所示。

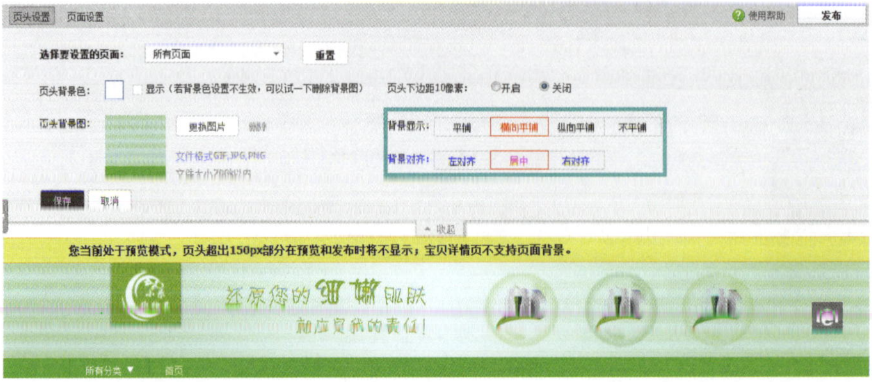

图 6-26　设置背景参数

6. 单击“保存”按钮，完成设置，单击“发布”按钮，即可观看通栏店招，如图 6-27 所示。

图 6-27　通栏店招

6.6　焦点图的应用

下面就以化妆品店铺作为装修对象讲解一下焦点图的使用方法，具体操作如下。

1. 启动 Photoshop，将之前设计的“焦点图 1 和焦点图 2”储存为 JPG 格式备用，储存时尽量压缩文件。在“店铺装修”界面中，单击“自定义区域”右侧的“删除”按钮，将当前的自定义区域删除，进入“页面管理”页面，选择左侧的“首页”按钮，在右侧选择“布局管理”选项，进入布局页面，如图 6-28 所示。

2. 在页面下方的“添加布局单元”中单击“+”按钮，系统弹出“布局管理”对话框，选择“950 像素”选项，如图 6-29 所示。

图 6-28　布局

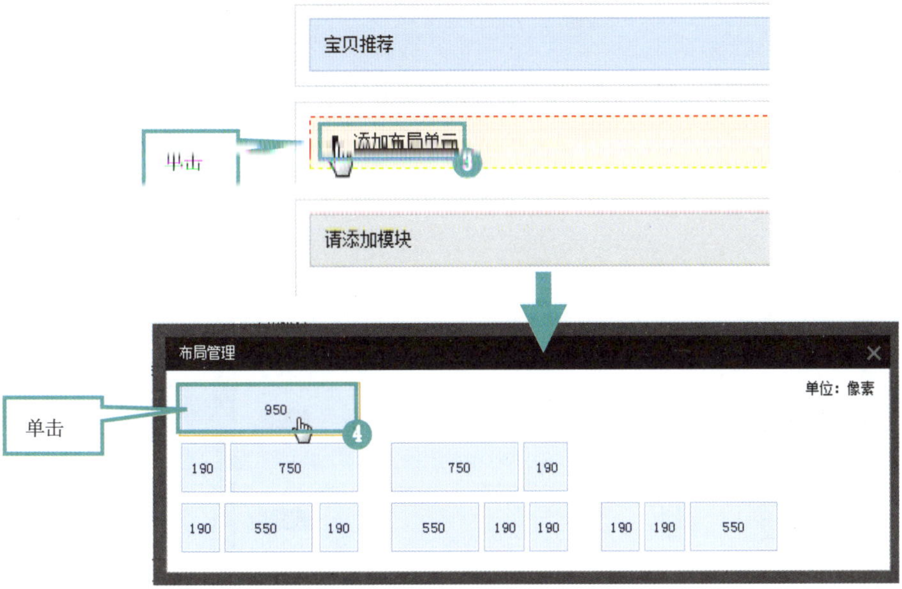

图 6-29　布局管理

3. 单击“950”选项后，系统会新建一个“模块”，如图 6-30 所示。

图 6-30　新建模块

4. 拖动移动符号，将其向上移动，在“导航”与“自定义区域”之间停止，单击鼠标将其放置到两者之间的位置。如图 6-31 所示。

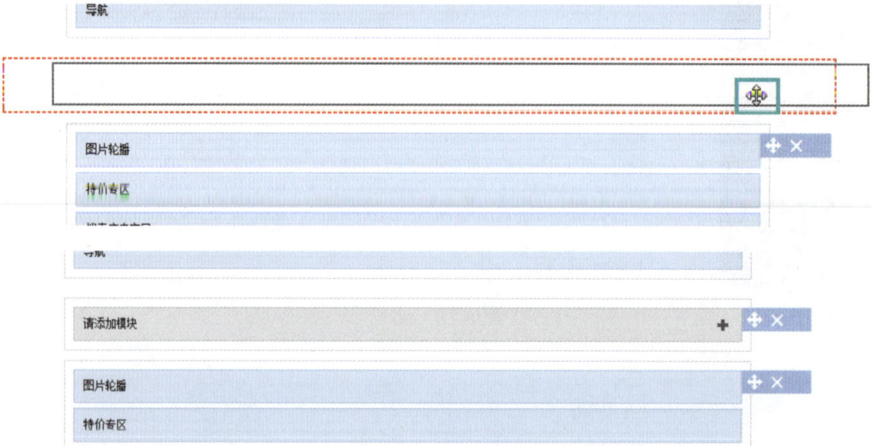

图 6-31　移动位置

5. 单击右侧的“+”按钮，在弹出的“模块管理”对话框中，单击“图片轮播”后的“添加”按钮，如图 6-32 所示。

图 6-32　添加模块

6. 单击“添加”按钮后，会添加一个“图片轮播”模块，如图 6-33 所示。

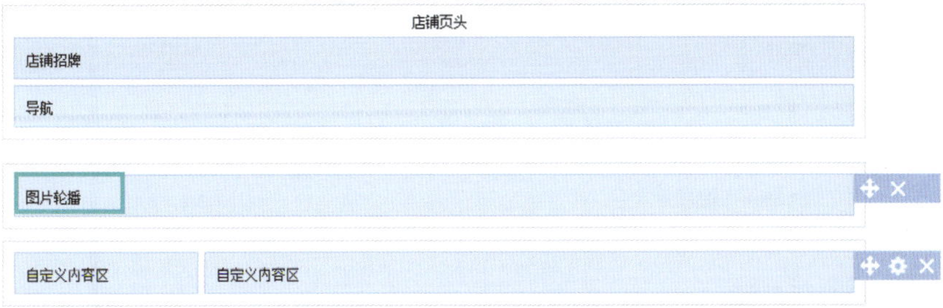

图 6-33　自定义区域模块

7. 单击“保存”按钮，完成布局管理，在装修界面中单击“图片轮播”右侧的“编辑”按钮，如图 6-34 所示。

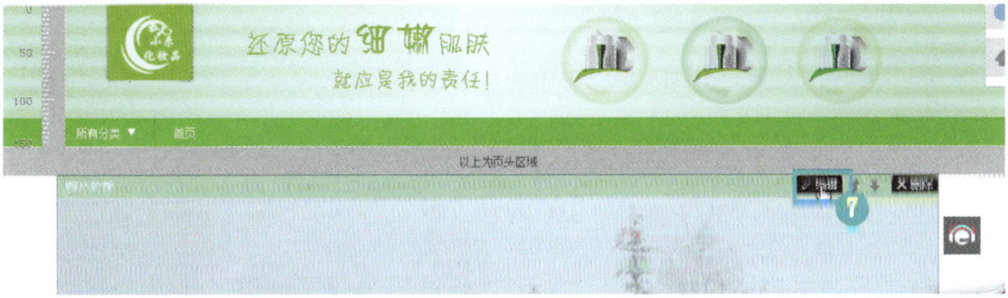

图 6-34　编辑

8. 进入“图片轮播”对话框，在对话框中分别设置两个标签中的内容，如图 6-35 所示。

9. 单击“选择要上载的图片”按钮，打开“选择要上载的文件”对话框，选择之前保存的“焦点图 1”图片，如图 6-36 所示。

10. 单击“保存”按钮后，单击“插入”按钮，将图片上传到“图片空间”中并直接插入到“图片轮播”，单击“完成”按钮，如图 6-37 所示。

图 6-35　设置选择图片

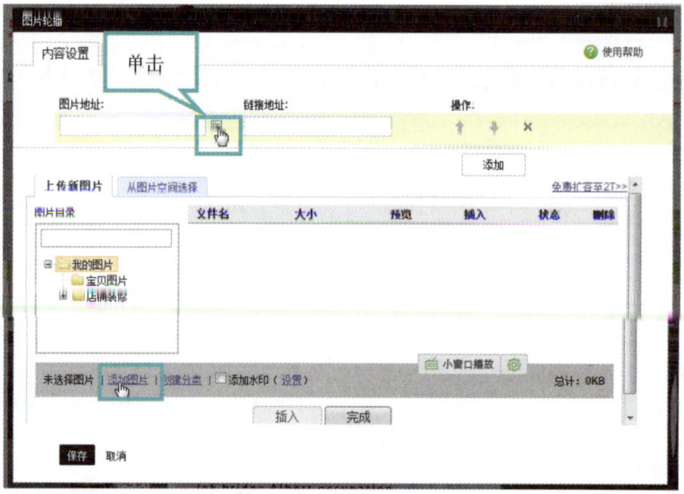

图 6-35　设置选择图片（续图）

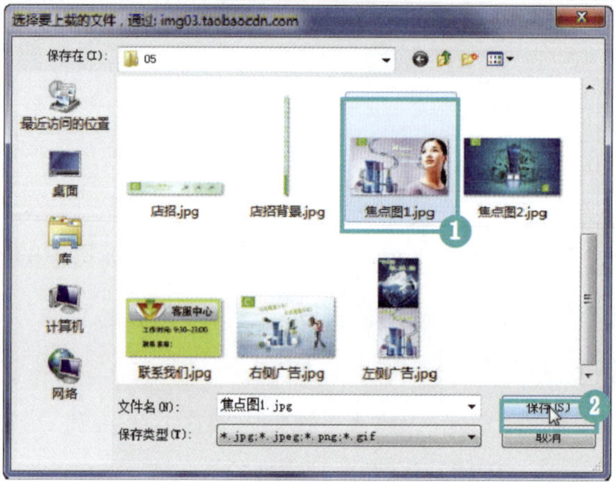

图 6-36　选择图片

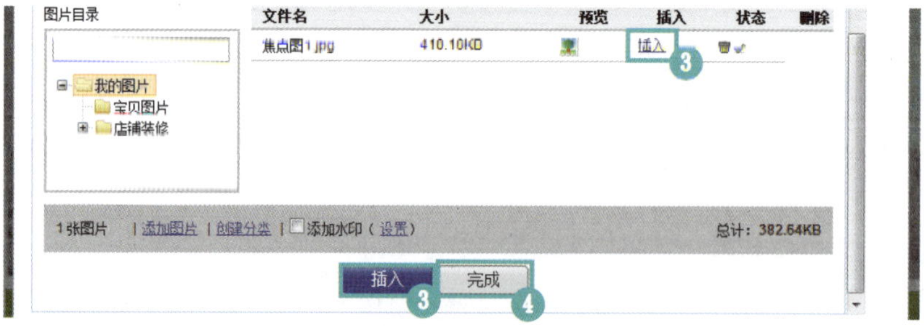

图 6-37　插入图片

11. 设置完毕后，单击“添加”按钮，插入另一张“焦点图 2”图片，如图 6-38 所示。

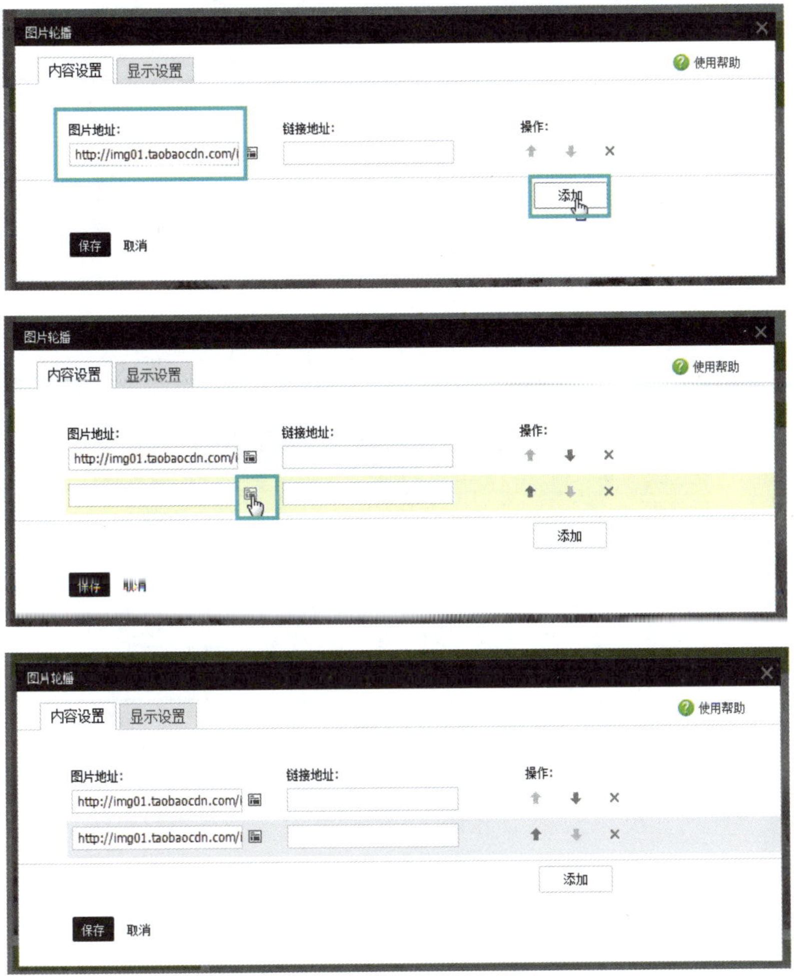

图 6-38　设置

12. 单击“保存”按钮，装修效果如图 6-39 所示。

13. 单击右上角的“发布”按钮，完成本区域的装修，店铺运行效果如图 6-40 所示。

图 6-39 装修后的广告

图 6-40 最终效果

6.7 自定义广告的应用

淘宝店铺中自定义促销区的设置可对整个网店起到广告宣传的作用，本节就为大家讲解右侧自定义广告的应用和左侧自定义广告的应用。

下面就以化妆品店铺作为装修对象讲解一下网店装修中自定义广告的应用方法，具体操作如下。

1. 启动 Photoshop，将之前设计的“右侧广告和左侧广告”图片储存为 JPG 格式备用，储存时尽量压缩文件，进入后台，执行菜单中“我是卖家/店铺管理/图片空间”命令，进入“图片空间”页面，单击“上传图片”按钮，如图 6-41 所示。

图 6-41　图片空间

2. 单击“上传图片”按钮后进入“上传图片”对话框，选择“通用上传”选项，单击“点击上传”按钮，如图 6-42 所示。

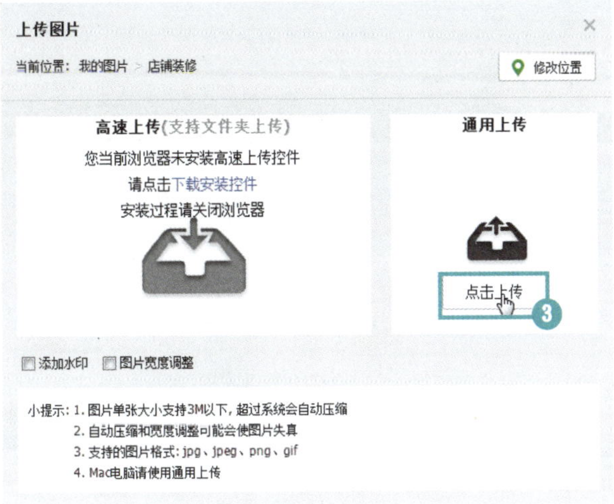

图 6-42　添加图片

3. 进入“选择要上载的文件”对话框，选择要上传的图片，如图 6-43 所示。

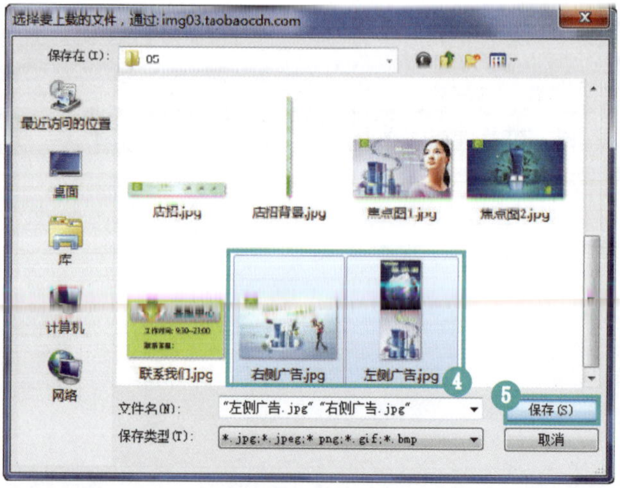

图 6-43　上传图片

4. 单击“保存”按钮后，系统会自动进入“图片管理”标签中，在其中可以看到上传的图片，效果如图 6-44 所示。

图 6-44　图片管理

5. 将之前的左侧与右侧自定义模块删除。进入装修界面，单击“布局管理”按钮，在布局中单击“添加布局单元”前面的“+”按钮，在弹出的“布局管理”对话框中选择一种布局，效果如图 6-45 所示。

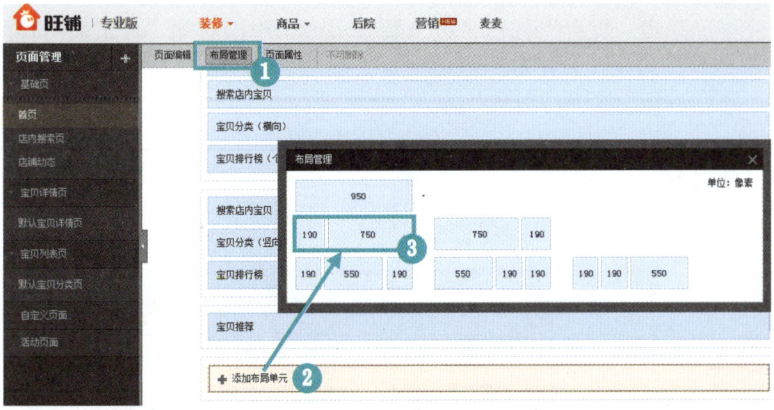

图 6-45　添加布局

6. 添加模块后，将其移动到“图片轮播”模块下面，如图 6-46 所示。

图 6-46　移动

7. 单击“请添加模块”后面的“+”按钮，添加“自定义内容区”，如图 6-47 所示。

图 6-47　添加自定义内容

8. 设置完毕后单击“保存”按钮，进入装修页面，单击右侧“自定义内容区”的“编辑”按钮，进入“自定义内容区”对话框，设置“显示内容”后，单击“插入图片空间图片”按钮，如图 6-48 所示。

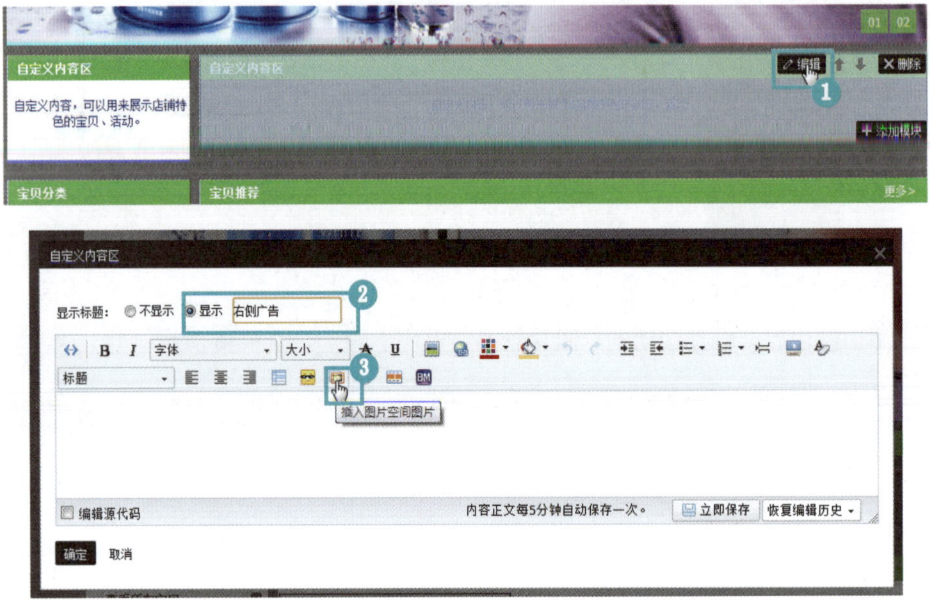

图 6-48　编辑

9. 单击后，选择“右侧宣传广告”图片，单击“插入”按钮，如图 6-49 所示。

图 6-49　插入

10. 插入图片后，如图 6-50 所示。

图 6-50　插入图片

11. 单击下面的“确定”按钮，完成图片插入，装修后单击右上角的“发布”按钮，完成本区域的应用，效果如图 6-51 所示。

图 6-51　插入图片

13. 使用同样的方法将“左侧广告”添加到左侧的自定义内容区，效果如图 6-52 所示。

图 6-52　最终效果

提示

如果感觉当前背景在网店中不能更好地衬托网店商品，可以在“样式编辑”中为网店设置一个自己喜欢的背景色，效果如图 6-53 所示。

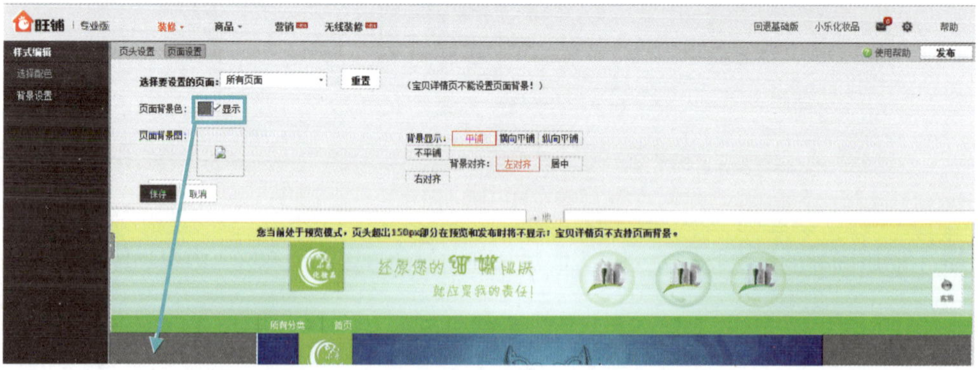

图 6-53　背景色

6.8　宝贝分类的应用

在淘宝网店中对自己的商品进行细致的归类，非常有助于买家进行浏览选择，好的宝贝分类可以直接或间接地增加网店的收入。

6.8.1　应用宝贝分类

下面就以职业装的店铺作为装修对象讲解一下宝贝分类在网店中的使用方法，具体操作如下。

1. 启动 Photoshop，将之前设计的“宝贝分类”储存为 JPG 格式备用，储存时尽量压缩文件，进入淘宝后台，选择“装修店铺”，在左侧自定义广告下单击“添加模块”按钮，进入“添加模块”对话框，选择“宝贝分类”，单击“添加”按钮，如图 6-54 所示。

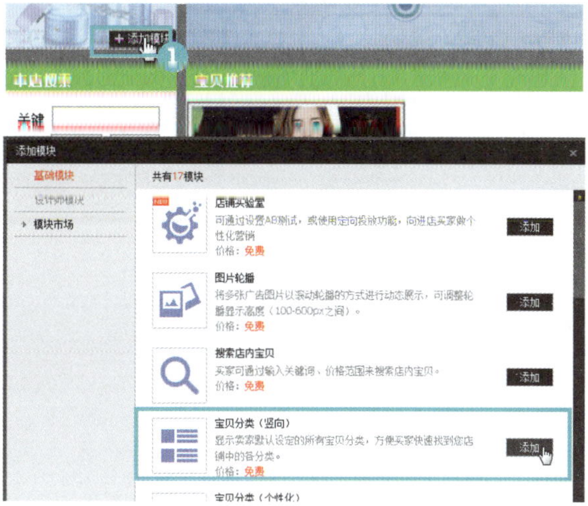

图 6-54　存储为对话框

2. 单击“添加”按钮，此时会在装修界面多一个“宝贝分类”模块，如图 6-55 所示。

图 6-55　添加的模块

3. 将鼠标移到“宝贝分类”的最上边，此时会出现一个“编辑”按钮，单击后进入“宝贝管理”页面中，如图 6-56 所示。

图 6-56 编辑

4. 单击“添加图片”按钮，选择“插入图片空间图片”单选框，如图 6-57 所示。

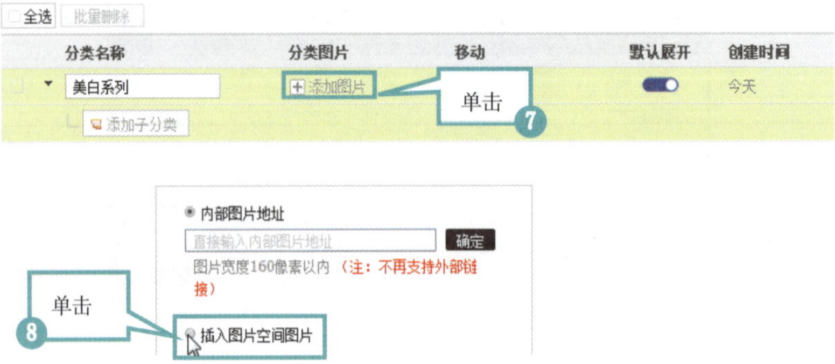

图 6-57 编辑

提示

按照上传“右侧自定义广告”的方法将所有的宝贝分类图片上传到“图片空间”中。

5. 单击“插入图片空间图片”单选框，在弹出的“从空间中选择”对话框中，选择“美白系列”图片，如图 6-58 所示。

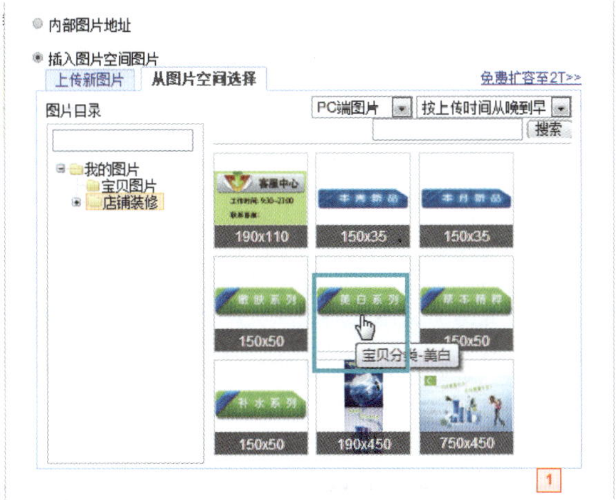

图 6-58　插入

6. 单击“插入”按钮，此时会在“宝贝管理”对话框中看到插入图片，如图 6-59 所示。

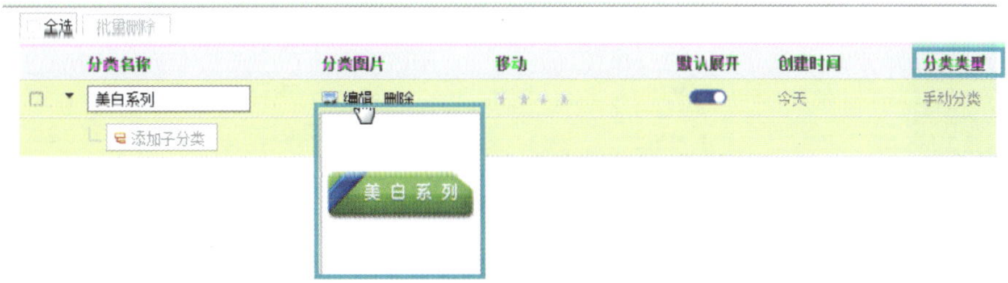

图 6-59　图片

7. 单击右上角的“保存更改”按钮，回到装修页面，可以看到插入的“美白系列”按钮，如图 6-60 所示。

图 6-60　插入图片

8. 进入“宝贝分类”编辑界面，单击“添加手工分类”选项，键入文字后，添加“补水系列”按钮，如图 6-61 所示。

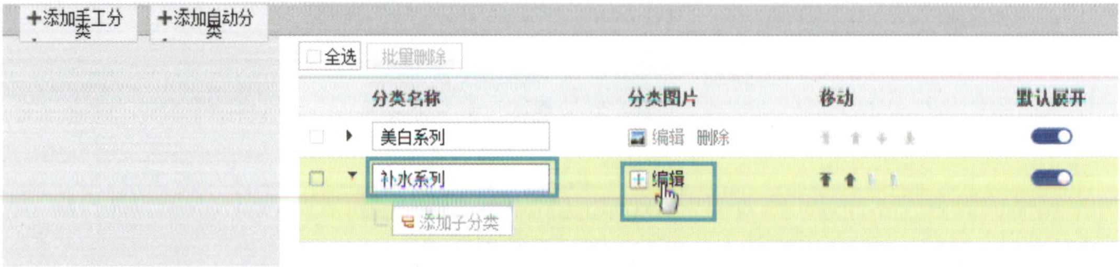

图 6-61　插入图片

9. 添加“补水系列”图片后，再添加其他宝贝分类图片，如图 6-62 所示。

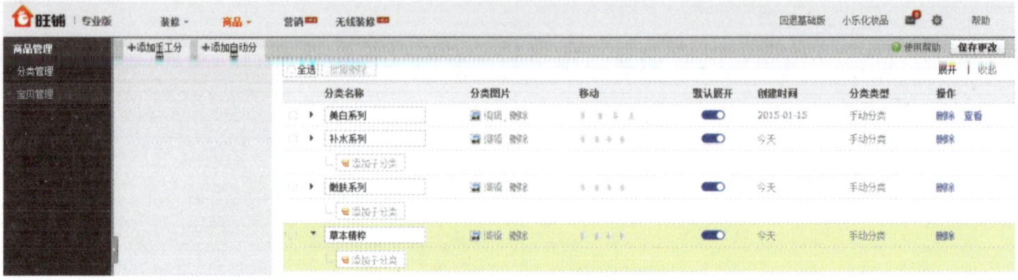

图 6-62　插入图片

10. 单击右上角的“保存更改”按钮，回到装修页面，可以看到插入的“宝贝分类”按钮，此时宝贝装修部分装修完毕，效果如图 6-63 所示。

图 6-63　装修后

11. 单击右上角的“发布”按钮，可以看到整个店铺的效果。

6.8.2　应用子宝贝分类

下面就以化妆品店铺作为装修对象讲解一下子宝贝分类在网店中的使用方法，具体操作如下。

1. 进入淘宝后台，选择“装修店铺”命令，在“宝贝分类”模块处单击“编辑”按钮，进入“宝贝管理”编辑状态，如图 6-64 所示。

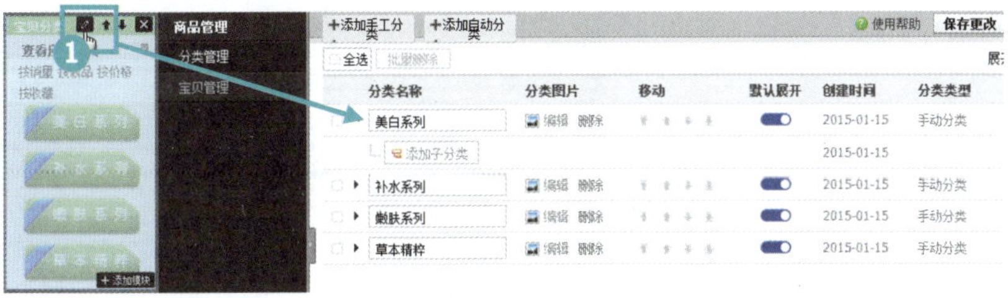

图 6-64　宝贝管理

2. 单击“分类名称”下面“美白系列”前面的三角符号，显示隐藏选项，单击“添加子分类”按钮两次后，得到两个子分类，设置名称后，单击后面的“添加图片”选项，如图 6-65 所示。

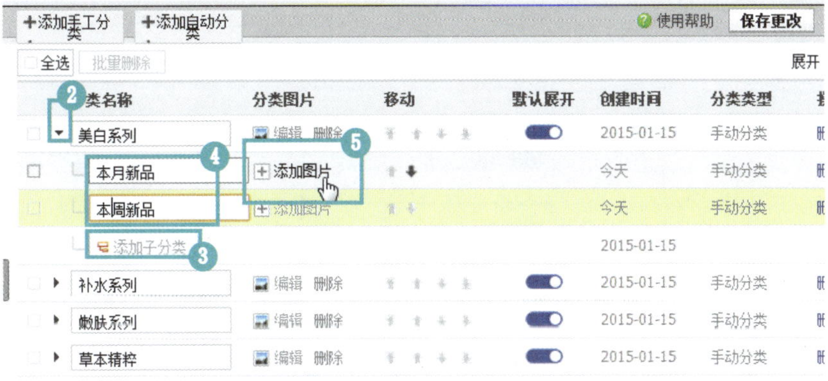

图 6-65　添加子分类

提示

在“移动”下面单击向上或向下箭头可以改变宝贝分类显示的顺序。

3. 单击“添加图片”后，选择“插入图片空间图片”单选框，在“从图片空间选择”对话框中选择“本月新品”后，双击图片，如图 6-66 所示。

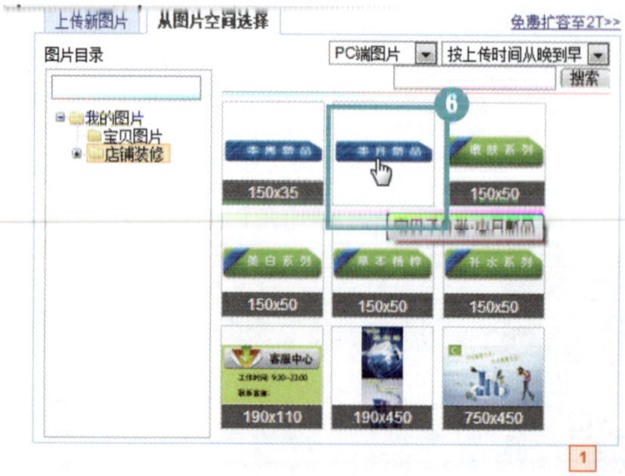

图 6-66　选择插入的图片

4. 双击图片后，会在“分类图片”中预览到插入的图片，再将“本周新品”进行插入后，单击“保存更改”按钮，如图 6-67 所示。

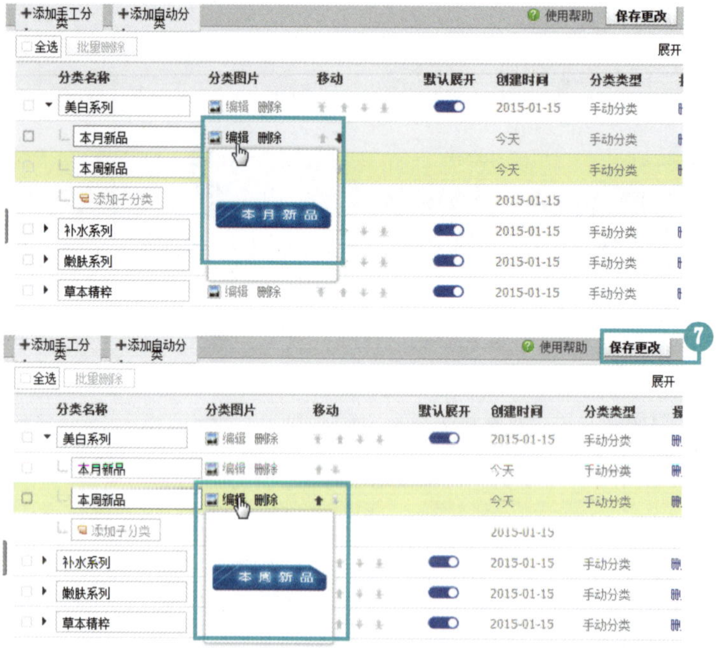

图 6-67　预览插入的图片

5. 单击“保存更改”按钮后，再进入装修界面，我们可以看到显示的子分类图片，如图 6-68 所示。

图 6-68　子分类

6. 使用同样的方法为其他分类添加子分类，效果如图 6-69 所示。

图 6-69　分类图片

7. 单击右上角的“发布”按钮，装修效果即可在店铺中显示。

提示

> 宝贝分类制作完毕后可以在“宝贝分类”的编辑状态下，“宝贝管理”标签中对商品宝贝进行分类管理，如图 6-70 所示。

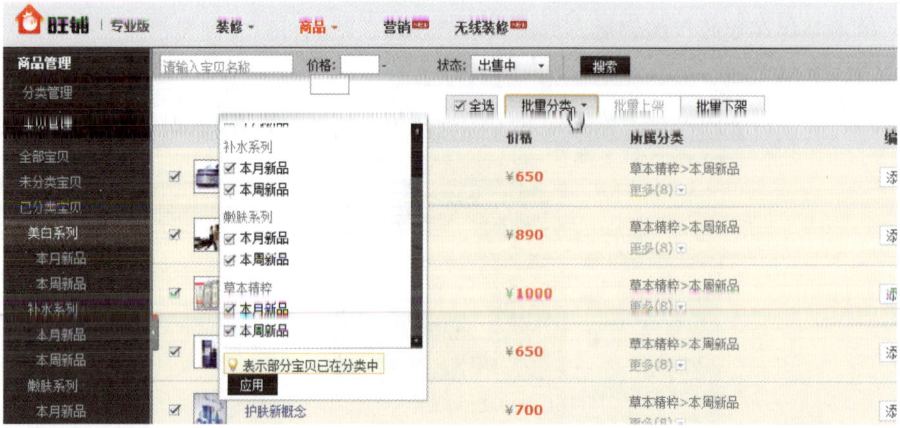

图 6-70　分类管理

6.9　店铺收藏的应用

在淘宝网店中设置店铺收藏的意义在于引起买家的注意，吸引更多的人自愿收藏本店铺，成为日后购买者购买同类商品的首选。

下面就以化妆品店铺作为装修对象为大家讲解一下店铺收藏的使用方法，具体操作如下。

6.9.1　获取店铺收藏的代码

1. 在 Photoshop 中虽然已经制作了“店铺收藏”的图片，但是不能直接使用。如果要将图片应用于“收藏店铺”功能，首先我们要在自己店铺的右上角单击“收藏店铺”按钮，如图 6-71 所示。

图 6-71　单击“收藏店铺”

2. 单击“收藏店铺”按钮后，系统会弹出一个提示框，提示不能收藏自己的店铺，如图 6-72 所示。

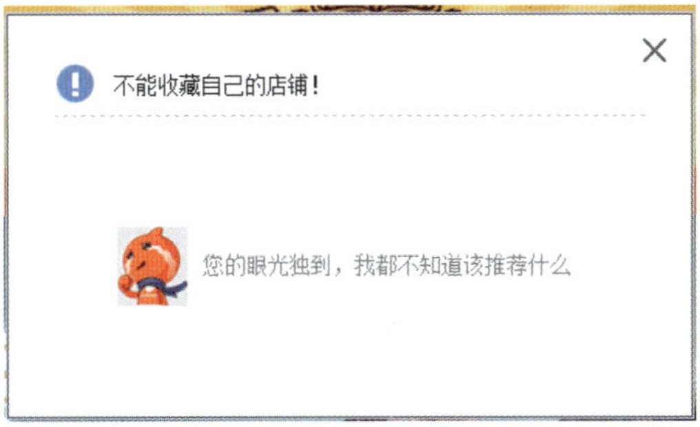

图 6-72　提示框

3. 这里我们可以忽略提示，在提示框中右击鼠标，在弹出的菜单中选择“属性”，如图 6-73 所示。

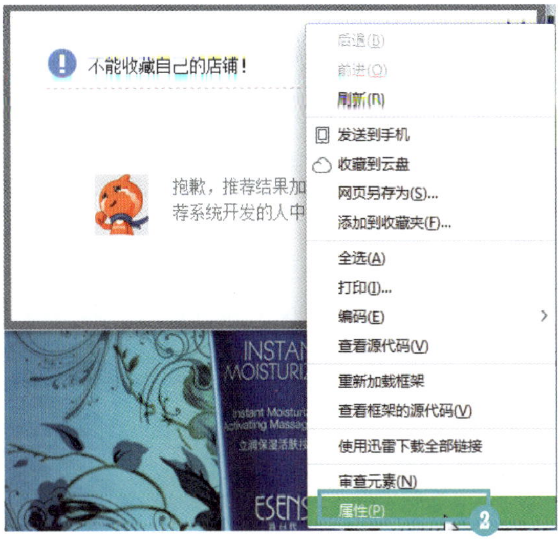

图 6-73　选择属性

4. 选择“属性”后，在弹出的“属性”对话框中将地址（URL）后面的代码选取，按 Ctrl+C 键拷贝代码，如图 6-74 所示。

图 6-74 拷贝代码

5. 拷贝完毕单击“确定”按钮，完成代码的获取。最好将代码以文本的形式进行储存以备后用，如图 6-75 所示。

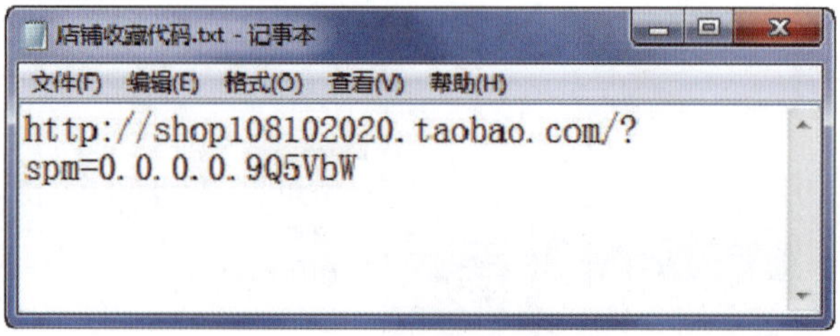

图 6-75 储存代码

6.9.2 店铺收藏的应用

1. 在淘宝后台进入“图片空间”页面，将“店铺收藏”图片上传到空间中，如图 6-76 所示。

图 6-76　图片空间

2. 再次进入卖家中心的“装修店铺”中，在装修界面中左侧部分添加一个自定义模块，如图 6-77 所示。

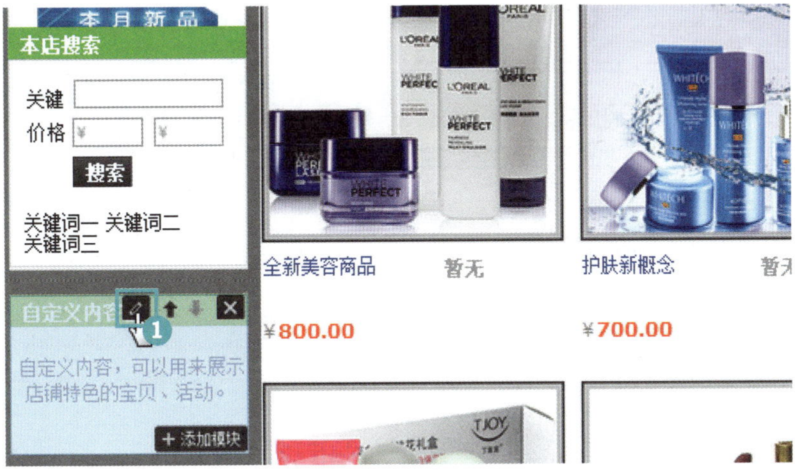

图 6-77　添加的模块

3. 在“自定义内容区”单击“编辑”按钮，进入“自定义内容区”对话框，设置参数后单击“插入图片空间图片”按钮，如图 6-78 所示。

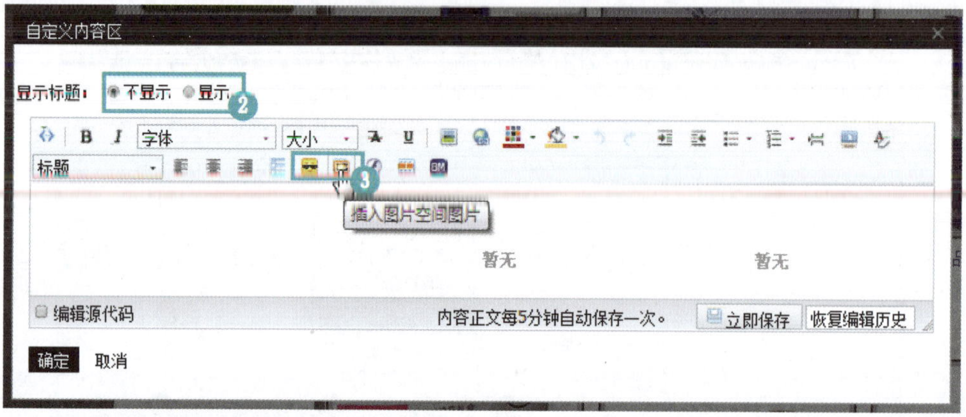

图 6-78　“自定义内容区”对话框

4. 单击“插入图片空间图片”按钮后，在“图片空间”中选择图片并单击“上传”按钮，再单击“完成”按钮，如图 6-79 所示。

图 6-79　上传

5. 在“自定义内容区”中双击插入的图片，在弹出的“图片设置”对话框中，将之前获取的代码粘贴到“链接网址”后面，如图 6-80 所示。

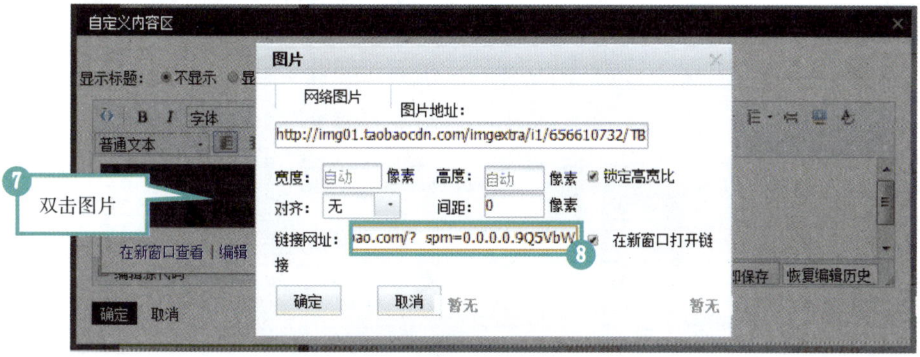

图 6-80　粘贴代码

6. 设置完毕，单击“确定”按钮，此时就完成了图片链接代码的添加任务，在“自定义内容区”中单击“确定”按钮，在装修界面中可以看到插入的图片，如图 6-81 所示。

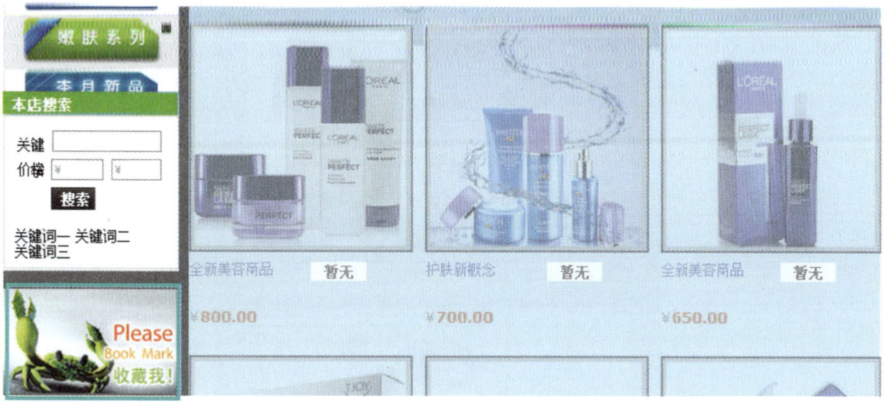

图 6-81　装修

7. 此时的店铺效果只有自己能够看到，买家是看不到的。单击店铺右上角的“发布”按钮，店铺买家就都可以看到，如图 6-82 所示。

图 6-82　店铺中的店铺收藏

6.10　联系我们的应用

在淘宝网店中设置联系我们的意义在于可以和买家直接通过“旺旺”进行交流，帮助买家更加了解商品信息。

下面就以化妆品店铺作为装修对象为大家讲解一下联系我们的应用方法，具体操作如下。

6.10.1　为制作的图片创建切片并导出网页

1. 在 Photoshop 中打开之前制作的“联系我们”文件，使用 (切片工具)，如图 6-83 所示。

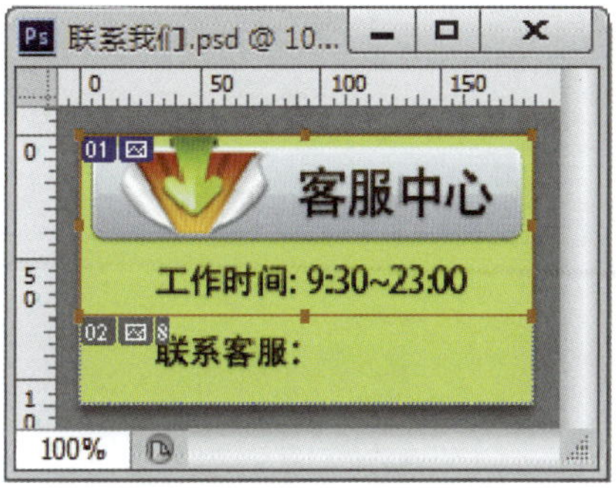

图 6-83　创建切片

2. 切片创建完毕后，执行菜单中“文件/储存为 Web 所用格式”命令，在“储存为 Web 所用格式”对话框中设置切片，如图 6-84 所示。

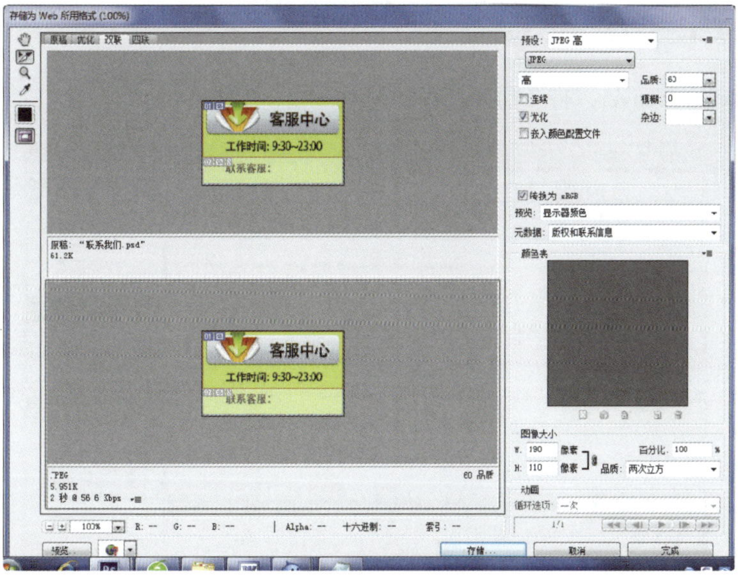

图 6-84　创建切片

3. 设置完毕后，单击“存储”按钮，打开“将优化结果储存为”对话框，设置如图 6-85 所示。

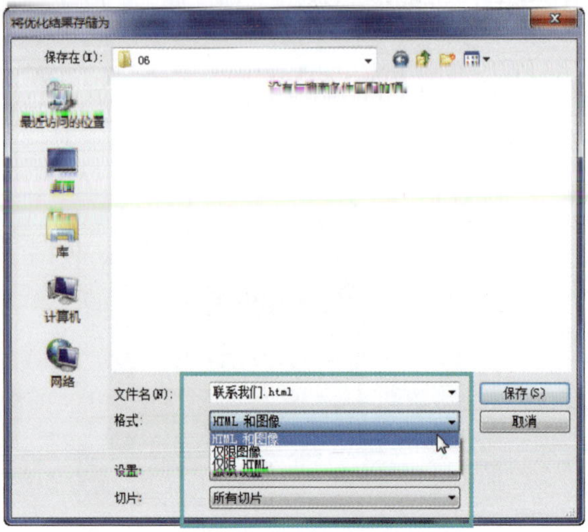

图 6-85 “将优化结果储存为”对话框

4. 设置完毕后，单击“保存”按钮。

6.10.2 在 Dreamweaver 中生成代码

1. 启动 Dreamweaver，打开前面储存的网页文档，如图 6-86 所示。

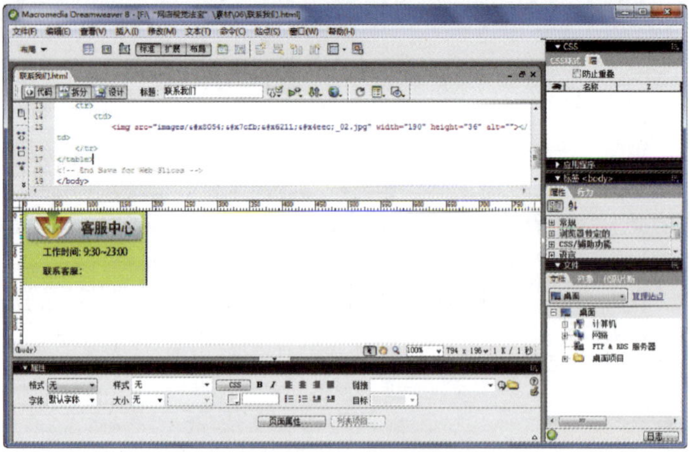

图 6-86 打开网页文档

2. 将表格的“宽度”与“高度”设置成与切片大小一致，将下面的图片以背景的形式插入，如图 6-87 所示。

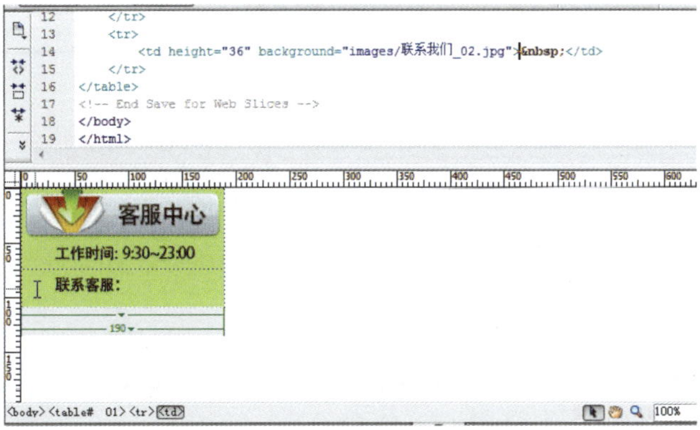

图 6-87　插入背景

3. 在下面表格中插入一个 1 行 2 列的表格，设置左面的单元格“高度”为 36、“宽度”为 95，如图 6-88 所示。

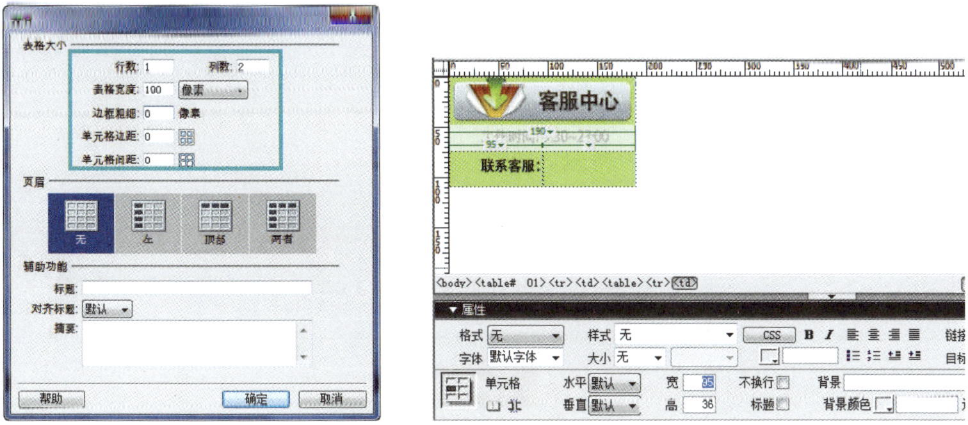

图 6-88　插入表格

6.10.3　在旺遍天下中获取代码

1. 在浏览器中输入 http://www.tbzxiu.com/wangwang.htm，进入旺遍天下页面，选择自己喜欢的风格，如图 6-89 所示。

图 6-89 选择风格

2. 填写相应信息，如图 6-90 所示。

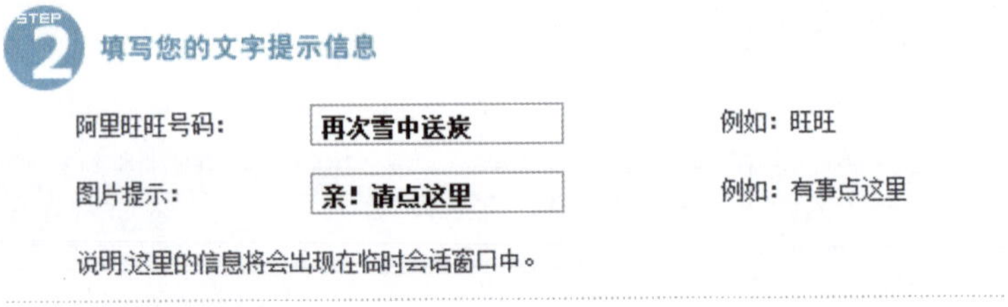

图 6-90 填信息

3. 在下面直接单击“生成网页代码”按钮，在单击 “复制代码”按钮，将代码进行复制，如图 6-91 所示。

图 6-91 复制代码

6.10.4 在 Dreamweaver 中应用代码并替换图片的代码

1. 回到 Dreamweaver 中，选择下面左边的单元格，在“拆分”页面中粘贴复制网页代码，如图 6-92 所示。

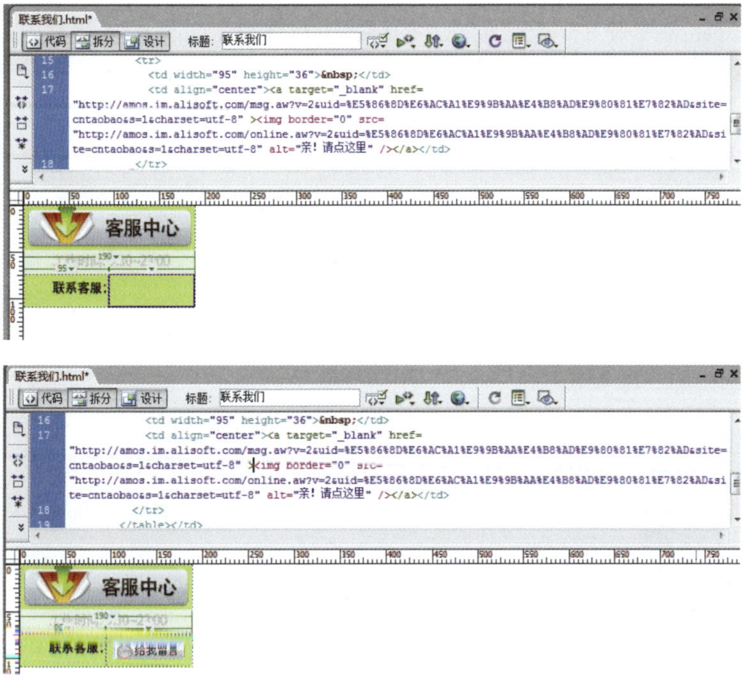

图 6-92　粘贴代码

2. 将保存的切片图片上传到“图片空间”中，选择“联系我们 01”图片后，在下面出现的符号中单击“复制链接”按钮，如图 6-93 所示。

图 6-93　复制链接

3. 回到 Dreamweaver 中，将之前图片的链接进行替换，如图 6-94 所示。再将“联系我们02”图片的链接进行替换，如图 6-95 所示。

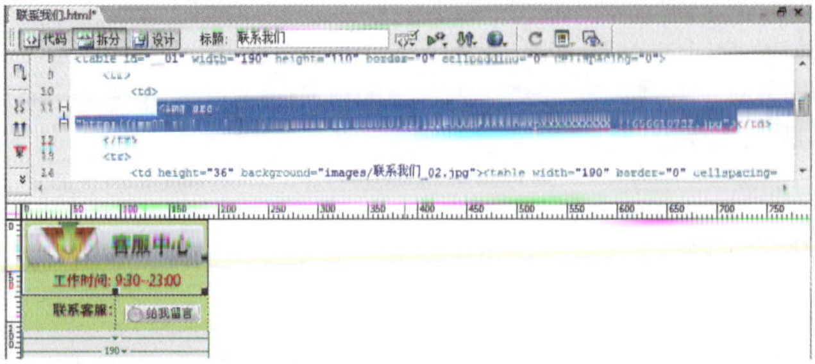

图 6-94　替换第一幅图片

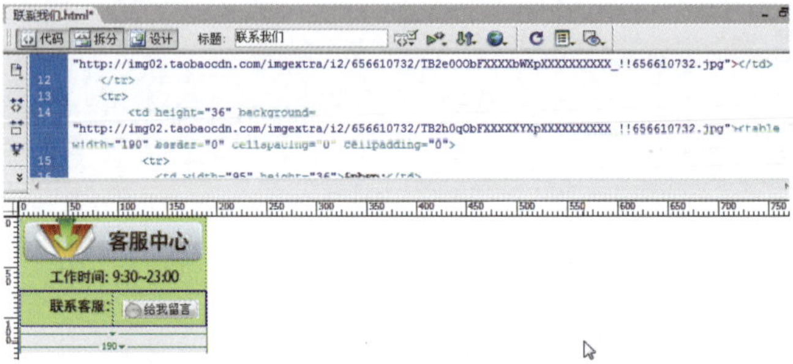

图 6-95　替换第二幅图片

6.10.5　联系我们的应用

1. 进入装修界面，在“店铺收藏”的下面新建一个自定义模块，如图 6-96 所示。

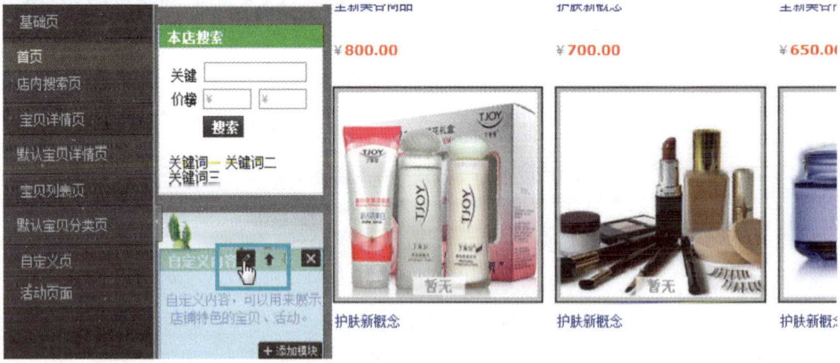

图 6-96　添加自定义模块

2. 单击“编辑”按钮，进入“自定义内容区”对话框，单击“源码”按钮，进入代码编辑区，将 Dreamweaver 中的代码全部拷贝，将其粘贴到“自定义内容区”中的代码区，如图 6-97 所示。

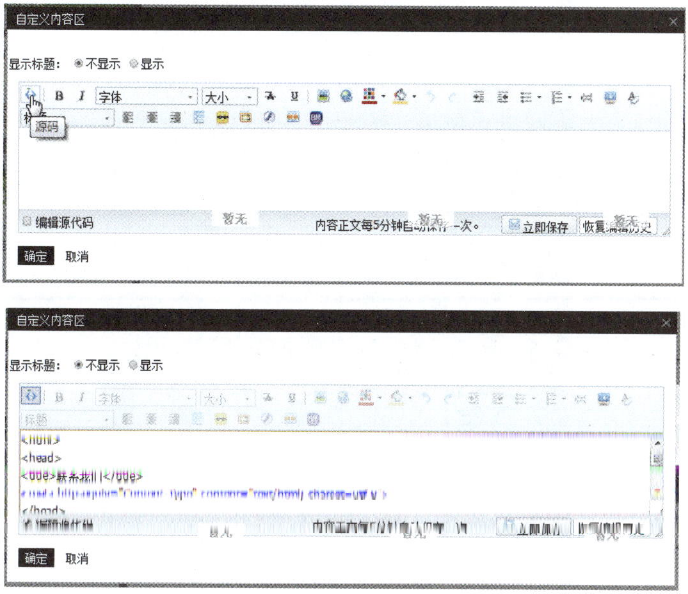

图 6-97 编辑

3. 再单击“源码”按钮，返回图片编辑区，此时可以看到的效果如图 6-98 所示。

图 6-98 编辑后的效果

4. 再单击“确定”按钮，此时的店铺效果只有自己能够看到，买家是看不到的。单击店铺右上角的“发布”按钮，此时的店铺效果买家也可以看到，如图 6-99 所示。

图 6-99　最终效果

6.11　手机淘宝的店招应用

淘宝网店开张后，使用手机在淘宝中进行查找，可以看到设置的网店，在手机版本中出现了一个淘宝网店，但是店招是默认的，其他设置可以随电脑版中的商品更新而自动更新。

对于电脑版的淘宝，新手已经落后别人一大截了，那么我们就通过手机淘宝来挽回一些面子吧。手机版的店招制作规格是文件格式（GIF、JPG、JPEG、PNG，大小 10KB 以内，尺寸为 280px×50px），这里要注意的是存储后的文档一定要在 10KB 以内，否则不能上传。手机店铺的店招以简单为好，复杂的话输出的文档会大一些，它的制作方法可以参考电脑版的店招，这里我们只是制作了一个小一点的而已，效果如图 6-100 所示。

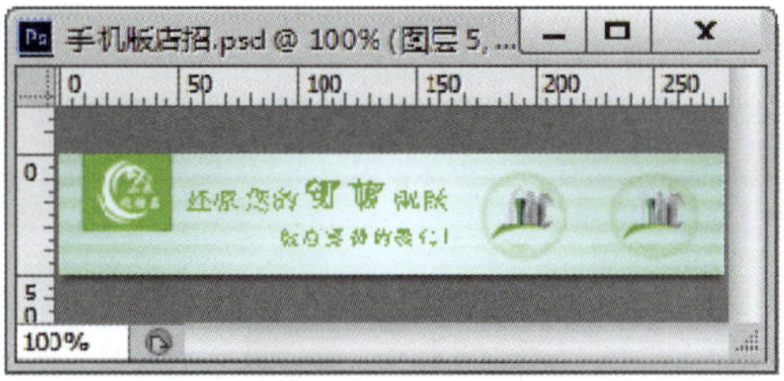

图 6-100　手机版店招

下面就将手机版店招上传到手机店铺中，具体操作如下。

1. 在淘宝中执行菜单中“卖家中心”命令，进入后台，再执行菜单中“我是卖家/店铺管理/店铺基本设置”命令，进入“店铺基本设置”页面，此时我们只要选择“手机淘宝店铺”标签即可，再单击“上传店招”按钮，如图 6-101 所示。

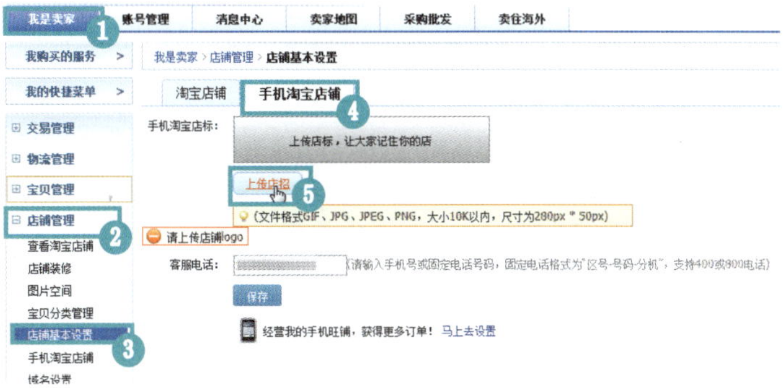

图 6-101　选择

2. 单击“上传店招”按钮后，打开“上传店招”对话框，单击“选择文件”按钮，如图 6-102 所示。

3. 单击“选择文件”按钮后，在弹出的“打开”对话框中选择“手机版店招”，如图 6-103 所示。

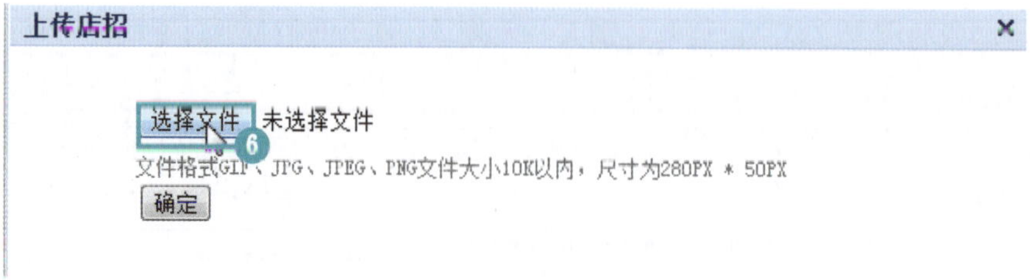

图 6-102　选择

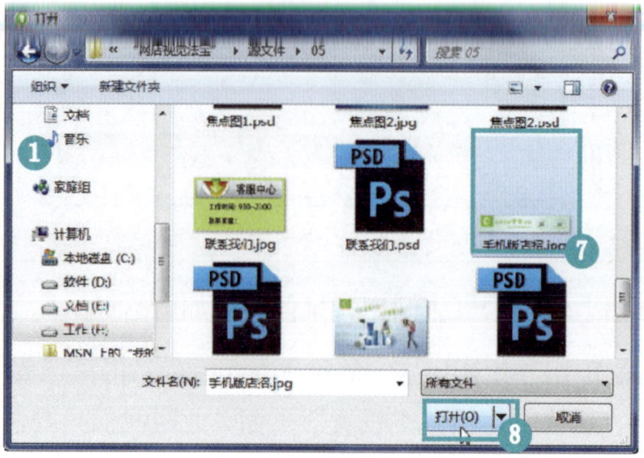

图 6-103　选择店招

4. 单击“打开”按钮后，又重新回到“上传店招”对话框中，选择“确定”按钮，如图 6-104 所示。

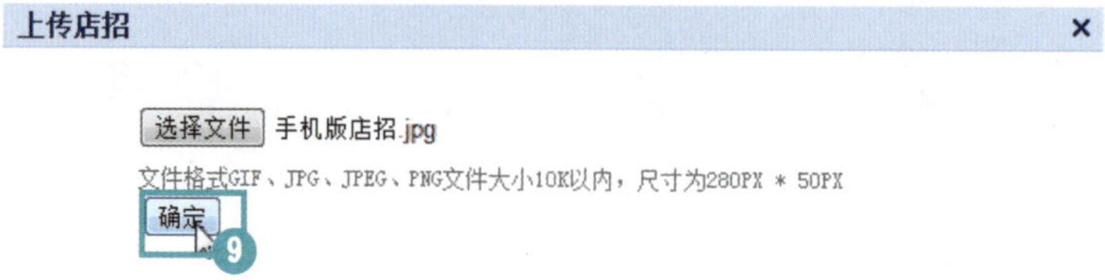

图 6-104　选择店招

5. 在“手机淘宝店铺”标签中单击“保存”按钮，此时可以看到上传的店招，如图 6-105 所示。

6. 单击“马上去设置”或者直接使用手机浏览网店，可以看到已经应用的手机店招，如图 6-106 所示。

图 6-105　上传的店招

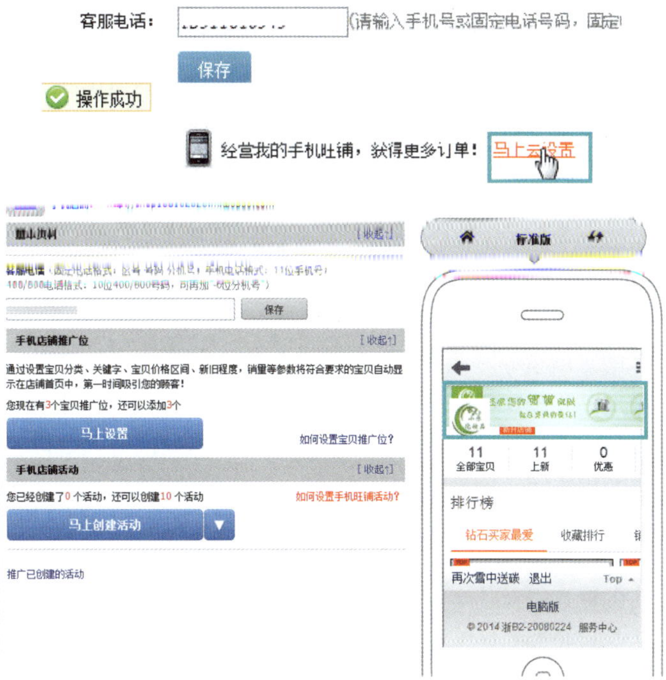

图 6-106　手机版店招

6.12　店铺推广

网店主要的客户群体大多数是在互联网上的，但是也不排除通过其他渠道了解店铺，然后去网上查找的，这两种渠道都可作为网店推广的方法，这里我们可以大致归类为线上和线下推广。

6.12.1 线下推广

线下推广是跟微信推广、微博推广、论坛推广、搜索引擎推广等线上推广相反的一种推广方式，它更侧重于传统模式的而非网络模式的推广，注重实际生活的沟通交流，它在传统营销中占很大比重。

要想让一个网店获得比较好的口碑，不但要在网上对网店进行推广，还需要在线下进行推广。然而线下的推广方式非常之多，以下几种推广方式是比较常见的。

1. 宣传页推广

要想别人对店铺留下比较深的印象，那么宣传页其实起到了很大的作用，一张比较特别、效果得体的宣传页递给别人，别人自然会多看几眼，从而记住淘宝店铺名称。所以宣传页推广是最基本的，不要为了省钱或出于不好意思的心态，把网店的前途给断送了。想要让人们了解你的网店，推广必须得从细节做起。这是最直接接近客户的方式，也是最节省的一种线下推广模式，根据网店经营范围的不同可以选择去不同的人群聚集地发宣传页，比如经营化妆品或饰品的，应该去购买力较强的女白领聚集较多的区域去发宣传页，好处是在一个办公室内，只要有一位女士对商品感兴趣，就会马上将其他女士吸引过来。

2. 扫描二维码推广

在聚集人群较多的区域举办一些活动，比如在超市、商场、办公楼附近，准备一些小礼物，通过手机扫描本店二维码并添加关注，关注后赠送小礼物，这样可以非常快地聚集人气，大家关注了店铺，就会有对店内商品感兴趣的人。通过这种广撒网的方式推广，对于提高网店的知名度和销量，这是非常便捷的一种推广方式。

3. 通过载体推广

比如可以把网店的标志以及店名印在一些包装盒、包装袋上，直接印在T恤上或者直接印在网店的车子上面，空间允许的话，还可以将网店的介绍印在上面，然后免费送出。这种形式的赠送通常都会很快被接受，此时印在上面的主体就会自然而然地发挥推广的作用。不过这种方式投资大了点，当然效果比印宣传页好。

4. 通过媒体推广

如果经济条件允许，可以直接通过媒体。相信目前最强有力的宣传方式应该是媒体宣传方式了，找一个明星代言，马上你的网店就火了，不过这种投资的成本是很大的，但其效果可想而知。有官方背景的推广更能使网店有高的可信度。和当地电视、电台、报社等媒体合作，此项推广可以说是见效最快的一种推广方式，不过需要的资金量会大一些。

6.12.2　线上推广

线上推广指的就是通过计算机在互联网中进行的推广方式，分为淘宝内推广和淘宝外推广。

1．淘宝内推广

淘宝内推广就是通过淘宝后台的推广项目，主要可以通过直通车、淘宝客等进行推广。直接进入淘宝后台，在“营销中心”选项下面的“我要推广”标签上单击，即可弹出右侧的“营销入口”、“类目活动”、“营销工具”、“营销学堂”等标签，在“营销入口”标签内就可以看到推广常用的一些方式，如图 6-107 所示。淘宝内推广直接可以为推广的商品在搜索的商品右侧出现的“掌柜热卖”展位进行宣传，如图 6-108 所示。

单击名称按钮即
可进入与之对应
的淘宝内推广

图 6-107　选择淘宝内推广项目

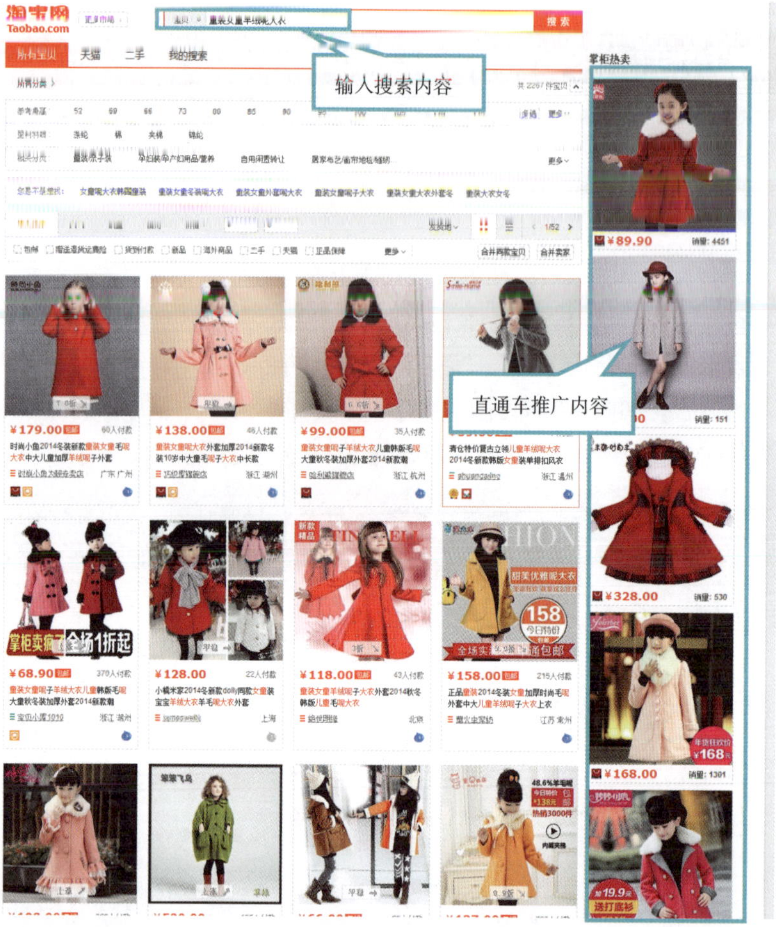

图 6-108　选择淘宝内推广项目

2．淘宝外推广

淘宝外推广对于开店铺的新手会有很大的帮助，因为淘宝内推广对于零销量、零评论的店铺商品基本上是没有太多帮助的，因为卖家不但花钱了，而且在其他有销量和评论的同类商品面前，只能起到一个陪衬和对比的作用，此时的对比只能让浏览者选择别人的商品，但是淘宝外推广大多数是直接为店铺进行推广，目的是让买家直接进入店铺消费，避开与其他同类商品在同一界面进行对比的尴尬场面，淘宝外推广可以通过微信、QQ 群、博客、邮件等推广途径，此类推广可以直接将买家引进店铺。

微信推广

2014 年第二季末，微信官方并没有公布具体数字，但是根据第三方的观察，总用户数已达到 6 亿，国内用户 5 亿，海外 1 亿。这么多的用户，而且又是以具有网购能力的年轻人居多，是网店卖家不可忽略的一个推广方向，如何抓住这个推广载体就要靠卖家自己来显神通了，下面就为大家介绍几种实用的微信推广方法。

第一种，从熟人入手，熟人形成的朋友圈有一种德天独厚的优势，在朋友圈内分享一些与自己商品相关的趣闻，附加一些图片信息，最重要的是要把网店的链接地址放到朋友圈中，让看到的人可以快速进入到店铺，这样就会在朋友圈中渐渐提高知名度，并且朋友又会将网店信息分享到自己的朋友圈中，这样无形中又多了一些朋友圈，从而产生销售额，这种推广要记住一个关键步骤，就是要每天发布。

第二种，建立或加入一个微信公众平台，在平台上推广商品。可以直接通过第三方软件创建一个微信公众平台，每天分享一些图文以及大家喜欢的趣事，比如在推广商品的同时加入一些笑话段子，吸引大家的关注。还可以加入一些淘宝购物或求购的公众平台，因为这些平台都是有需求的。

第三种，增加自己朋友圈人数，通过微信搜索附近的人的功能进行添加好友，绝对不要害怕失败，走到哪里就在哪里搜索附近的人并添加对方为好友，这样就会扩大朋友圈，在有新品开售的时候，看到的人也就会更多。这样长期坚持必定会有符合某些商品的人群对店铺感兴趣，慢慢就会增加销量。

微信推广已经成为网络营销的一种趋势，所以开店的朋友一定要适应时代的发展，不要为店铺堵上一条可以宣传并创造利润的道路，坚持并不断进行创新和总结，取得利润是必然的。

QQ 群推广

通过 QQ 群推广就是注册多个 QQ 号，添加多个 QQ 群，总之就是将自己的店铺通过 QQ 群让更多的人知道。比如注册 50 个 QQ 号，每个 QQ 号加入 50 个群，每个群 50 个人，等于有 75000 人观看。如果 QQ 号更多，加入的群更多，加入的是大群，则宣传效果更好。即使排除不在线的 QQ 用户效果也不容低估。要忍辱负重，不怕被踢。

减少被踢的推广方法最好是把要发的推广内容以表情的方式进行发送，这样就会减少被管理员踢出的概率，下面就为大家讲解将“小乐化妆品”的图标转换为表情的方法。

1. 打开 QQ 进入与好友的对话窗口中单击“发送图片”，如图 6-109 所示。

2. 单击“发送图片”按钮后，系统会弹出“打开”对话框，在其中选择要制作为表情的图片，如图 6-110 所示。

3. 单击“打开”按钮后，会把图片添加到会话框内，在图片上右击鼠标，再在弹出的菜单中执行“添加到表情”命令，如图 6-111 所示。

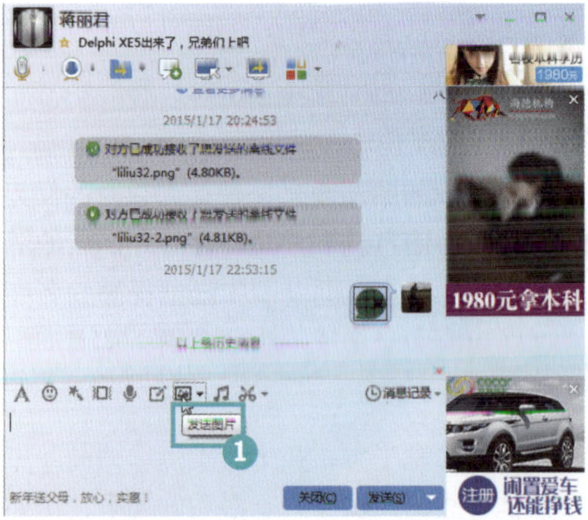

图 6-109　对话窗口

图 6-110　“打开”对话框

图 6-111　对话框口